i gr

Dello stesso autore
negli «Specchi»
Di[zion]ario erotico
Nietzsche

nei «Tascabili»
Il denaro. «Sterco del demonio»
Elogio della guerra
La Ragione aveva Torto?

nei «grilli»
Il vizio oscuro dell'Occidente

MASSIMO FINI

Sudditi

Manifesto contro la Democrazia

Marsilio

Prima edizione: marzo 2004

ISBN 88-317-8412-9

www.marsilioeditori.it

Indice

Sudditi

Prima parte

Ora che il governo della Repubblica è caduto nel pieno arbitrio di pochi prepotenti... noi altri tutti, valorosi, valenti, nobili e plebei, non fummo che volgo, senza considerazione senza autorità, schiavi di coloro cui faremmo paura sol che la Repubblica esistesse davvero.

LUCIO SERGIO CATILINA

La democrazia universale e i suoi amici

In Occidente si è convinti che la democrazia e il mercato (le due cose sono oggi considerate più che strettamente legate, inscindibili) siano lo stadio finale del lungo processo politico e istituzionale che ha inizio, in pratica, con la comparsa dell'uomo sulla terra e il suo caratterizzarsi come "animale sociale", che vive in comunità. Quando crollò l'Unione Sovietica, "l'Impero del Male", il politologo americano Francis Fukuyama annunciò al mondo che la Storia era finita[1]. Poiché la democrazia aveva sconfitto, dopo i nazifascismi, anche il suo ultimo avversario, il comunismo, non c'era più nulla da fare né obbiettivo da perseguire e l'Occidente poteva godersi serenamente il suo trionfo per l'eternità.

[1] F. Fukuyama, *The End of the History and the Last Man*, The Free Press, 1992, trad. it., *La fine della Storia e l'ultimo uomo*, Milano, Rizzoli, 1996.

Per la verità, come si è visto, la Storia non era affatto finita, sotto certi aspetti si potrebbe anzi dire che era appena cominciata e Bin Laden, o chi per lui, avrebbe dovuto togliere ogni dubbio in proposito. Ma Fukuyama e tutti i Fukuyama dell'Occidente non si sono fatti smontare per così poco. Hanno ammesso che effettivamente la Storia non si era chiusa nel 1989, ma hanno spostato più in là il fronte di questa epifania. La Storia finirà quando l'intero pianeta, e non solo l'Occidente, sarà stabilmente democratico e tutte le genti potranno fruire in pace e letizia delle bellurie del libero mercato.

È convinzione di ogni progressismo e storicismo, di destra e di sinistra, da Hegel a Marx, che la Storia umana abbia un fine e quindi, dovendo tale fine essere prima o poi raggiunto, anche una fine. All'interno di questa concezione Fukuyama ritiene che esista una *Storia universale dell'umanità*, valida per tutti i popoli del mondo che sarebbero inevitabilmente e inesorabilmente condotti, dalla ferrea logica di questo disegno finalistico, verso la «Terra Promessa della democrazia», della «diffusione di una cultura generale del consumo», del «capitalismo su base tecnologica»[2]. Si tratta solo di accelerare questo processo aiutando le popolazio-

[2] Fukuyama, *La fine della Storia*, cit., pp. 10, 11.

ni che, per pura maleducazione, non sono ancora democratiche a diventarlo, di dar loro una spinta sulla strada dell'emancipazione, perché l'uomo, se lasciato libero di scegliere, è *naturaliter* democratico. Dopo l'*Homo oeconomicus* i liberali si sono inventati anche l'*Homo democraticus*.

Quello di Fukuyama non è un delirio solitario, l'onanismo di un epigono di Hegel, ottuso come tutti gli epigoni. È una follia collettiva. O, quantomeno, *une folie à deux*. Perché questa è esattamente la "dottrina Bush".

Il compito dell'Occidente, oggi, è perciò quello di portare, con le buone o con le cattive, la democrazia là dove non c'è ancora. Si è cominciato col mettere in riga Jugoslavia, Afghanistan e Iraq. E in attesa dei prossimi sviluppi c'è chi pensa, per l'intanto, di trasformare l'Onu, l'organizzazione internazionale che attualmente raccoglie tutti gli Stati sovrani in quanto tali, in un *club* in cui sia ammesso solo chi ha la patente democratica, in una *Community of Democracies*, in una *Organizzazione mondiale della Democrazia e delle Democrazie*, da cui verrebbero esclusi, molto democraticamente, tutti gli altri Stati, cioè tre quarti del pianeta. «Queste *Nuove Nazioni Unite*» scrivono gli ideologhi della *Community of Democracies* «avrebbero la legittimità necessaria per reagire credibilmente alle minacce alla pace e alla sicurezza internazionale»[3]. E siccome un pretesto per accusare uno Stato di costituire una minaccia lo si trova comunque – e se non lo si trova lo si può sempre inventare, come s'è visto nella vicenda irachena – la democrazia sarebbe autorizzata a muover guerra, con buona e tranquilla coscienza, alle dittature, alle autocrazie, alle teocrazie, alle monarchie assolute, alle aristocrazie, alle comunità tribali, tradizionali, feudali e, insomma, a tutto ciò che è "altro". Il fine, naturalmente, è nobilissimo: «globalizzare la democrazia»[4]. Perché solo allora il Male sarà sconfitto una volta per tutte e trionferà il Bene. Se infatti solo mezzo secolo fa il pragmatico Winston Churchill si limitava a definire la democrazia come «il peggiore dei sistemi, ad eccezione di tutti gli altri», oggi gli idolatri occidentali sono convinti che la democrazia sia il Bene "tout court" e che, come ha scritto il filosofo Gianni Vattimo su un autorevolissimo quotidiano, «il Male è ciò che è contrario alla democrazia»[5]. E poiché la democrazia ha poco più di due secoli (quella ateniese era tutt'altra

[3] E. Bonino - G. Dell'Alba, *Un'Onu rifondata per i Paesi democratici*, «Corriere della Sera», 14 luglio 2003.

[4] Ivi.

[5] G. Vattimo, *Il Male la Mente e l'Anima*, «la Repubblica», 8 luglio 2003. Anche il leader di Alleanza Nazionale, Gianfranco Fini, ex fascista, suggestionato da questo clima ha definito il fascismo «il Male Assoluto».

cosa e comunque durò poco) ne consegue che per millenni la storia dell'uomo è stata dominata dal Demonio, che peraltro persiste nella sua maligna azione occupando ancora buona parte del globo.

È evidente a chiunque, credo, che è proprio questo aggressivo totalitarismo democratico, di cui è vessillifero il più potente e armato Stato del mondo, col suo codazzo di alleati, convinti o coatti, di potentati economici, di mezzi di comunicazione, di intellettuali, a costituire la vera «minaccia alla pace e alla sicurezza internazionale» e alla libertà dei popoli. Peraltro la cosa non è nuova. Il colonialismo, che si è affermato appieno, e in modo sistematico, nella seconda metà dell'Ottocento, si è svolto, per la massima parte, sotto le bandiere della democrazia. Le dittature europee del Novecento non sono state potenze coloniali che in misura molto limitata. Perché sono arrivate tardi, quando Inghilterra e Francia, madrine della democrazia moderna, si erano già prese i bocconi migliori? La Storia non si fa con il processo alle intenzioni. E, per fare un altro esempio, le dittature sudamericane non sono state per nulla espansioniste.

Democrazia e aggressione, democrazia e guerra, democrazia e servaggio, per un paio di secoli, non sono stati termini antitetici, ma, al contrario, quasi sinonimi. E l'America, campione mondiale della democrazia, è l'unico Stato moderno ad aver legittimato e praticato, al proprio interno, la schiavitù, fino al 1865, meno di un secolo e mezzo fa. E non è un caso che la schiavitù, scomparsa in Occidente dall'epoca romana[6], sia riapparsa con la cosiddetta scoperta del Nuovo Mondo, con l'affermarsi della classe mercantile e imprenditora (si aveva bisogno di manodopera, in America) e con l'avvento della Rivoluzione industriale (che ha creato la classe di quelli che Nietzsche chiama «gli schiavi salariati» e il marxismo proletariato), tutte precondizioni della nascita della democrazia moderna.

Nell'ultimo mezzo secolo, dopo la seconda guerra mondiale, il colonialismo classico era stato colpito da interdetto morale e aveva subito uno stop. Anche perché è stato rimpiazzato col molto più remunerativo e pervasivo colonialismo economico, che in pochi decenni ha disgregato, devastato, distrutto culture millenarie per sostituirle con la nostra nevrosi. Ma almeno formalmente il colonialismo era stato dichiarato tabù e pornografico.

Sono passati pochi lustri da quando i francesi lasciavano l'Algeria che, dimentichi di tutti i buoni proponimenti e di tante nobili parole, ab-

[6] Il *servo della gleba* non è uno schiavo, è un contadino che non può lasciare il campo del signore, dal quale però non può nemmeno essere cacciato.

biamo ricominciato, senza pudore e senza vergogna, istituendo protettorati, appena mascherati dai Quisling di turno (e alle volte, come in Iraq, nemmeno da quelli), in Afghanistan, in Bosnia, in Kosovo. Se la giustificazione che il colonialismo classico si dava era quella di portare la civiltà, laica e religiosa, ai "selvaggi", l'obbiettivo, oggi, non è cambiato, ha solo alzato il tiro delle sue ambizioni. Ciò che vogliamo esportare nell'universo mondo non è più solo la nostra economia e, vivaddio, un po' di buone maniere, ma il frutto più prezioso e prelibato della nostra cultura: la Democrazia.

Ma non è questa questione, che abbiamo già trattato nel *Vizio oscuro dell'Occidente*[7], che vogliamo affrontare qui, bensì un'altra. La domanda che ci poniamo è: che cos'è la democrazia? È davvero «il migliore dei sistemi possibili» come affermava, sia pur con l'ironia che gli era propria, Churchill e come, senza ironia, dando la cosa talmente per scontata da non dover essere nemmeno discussa, crediamo più o meno tutti in Occidente, sicché è fondamentale tenercela ben stretta. O è addirittura il Bene Assoluto, un valore così universale che più che un diritto è un nostro dovere far indossare quest'abito anche a popolazioni che hanno storia, tradi-

[7] M. Fini, *Il vizio oscuro dell'Occidente. Manifesto dell'antimodernità*, Venezia, Marsilio, 2002.

zioni, vissuti molto diversi dai nostri e lo sentono come una camicia di forza? Oppure è una forma di oppressione, più o meno abilmente mascherata, come le altre e magari anche peggio di altre?

La democrazia e i suoi nemici

Chiariamo subito che noi non siamo nella linea di coloro che attaccano la democrazia perché, in quanto "governo del popolo", o comunque della maggioranza, non può essere che governo dei mediocri. Questa linea, che è antichissima, che è di destra quanto di sinistra, ha inizio nel v secolo avanti Cristo col primissimo critico della democrazia, quell'anonimo ateniese, contemporaneo di Pericle, che in un libello, *Athenaion Politeia*, scrive «Dovunque sulla faccia della terra i migliori sono nemici della democrazia»[1], passa per i ben più autorevoli Platone e Aristotele, ritorna in Hegel, quando ventitré secoli dopo il problema si ripropone, e poi, attraverso Louis Blanc, Summer Maine, Antonio Gramsci e tantissimi altri, arriva fino ai giorni nostri[2].

[1] Anonimo ateniese, *La democrazia come violenza*, Palermo, Sellerio, 1990, p. 16.

[2] Quanto alla sinistra vedi, da ultimissimo, L. Canfora, *Criti-*

I bolscevichi, che, per quanto possa suonar oggi strano alle nostre orecchie, volevano anch'essi costruire una forma di democrazia, quella che prenderà il nome di "democrazia socialista" o "popolare" o "progressiva", cercarono di superare questo passaggio attraverso la teoria leninista, e poco marxista, delle "avanguardie". Le avanguardie non dovevano solo condurre il proletariato (ritenuto, soprattutto quello russo, un po' troppo bruto e indolente e della cui coscienza di classe non si era evidentemente molto convinti) alla conquista del potere, ma una volta conquistatolo e costituitesi esse stesse in partito, avrebbero avuto il compito di guidare la società comunista. Senonché, dopo le convulsioni della Rivoluzione che partorirono effettivamente delle grandi personalità, come sempre nei momenti storici in cui è protagonista la violenza, la prassi leninista portò prima alla concentrazione del potere nelle mani di un solo uomo (il potere passa dal partito al Comitato centrale, dal Comitato centrale al Politburo e, in ultimo, dal Politburo al Segretario generale) e poi, e del tutto conseguentemente, a un meccanismo di selezione della classe dirigente che, essendo basato sulla più abbietta e feudale fedeltà al partito e alla sua gerarchia, coniugata col fi-

ca della retorica democratica, Roma-Bari, Laterza, 2002, pp. 4-15.

deismo ideologico, autentico o simulato, più ottuso, finì per scremare non i migliori, ma i mediocri, anzi i peggiori. Lo stesso Capo supremo non sfugge alla regola. Leone Trotzkij, che fu il grande protagonista dei "dieci giorni che sconvolsero il mondo" (Lenin se ne stava nascosto, sotto una parrucca bionda, alla stazione di Finlandia), e che poi la burocrazia bolscevica emarginò, espulse, costrinse all'esilio e alla fine assassinò, definì Stalin «La più eminente mediocrità del partito»[3]. Nella *Critica della retorica democratica* Luciano Canfora (che peraltro oppone alla retorica democratica quella comunista) conclude, piuttosto sconsolato: «Straordinaria contraddizione quella dei bolscevichi. Elitisti *par excellence*, per la loro stessa concezione del partito, hanno impegnato, senza successo, le loro forze per impedire che *l'élite* di combattimento divenisse, com'è poi divenuta, nomenklatura»[4].

La democrazia liberale è stata più coerente. Accetta il rischio che la classe dirigente possa essere mediocre, in nome di un valore che, dice, le sta a cuore molto di più: la libertà. Quello democratico non può e non deve essere un potere carismatico per la semplice ragione che il potere carismatico, in quanto basato sulla

[3] L. Trotzkij, *Ma vie*, Paris, Gallimard, 1953, p. 598.
[4] Canfora, *Critica della retorica democratica*, cit., p. 38.

forza e inegalitario, ne è l'esatto opposto, secondo la classica distinzione che ci ha consegnato Max Weber: «Il puro carisma non conosce nessun'altra legittimità che quella derivante dalla propria forza ripetutamente confermata»[5]. E aggiunge che i capi carismatici sono «portatori di uno specifico dono del corpo e dello spirito... concepito come soprannaturale (nel senso di non essere accessibile a tutti)»[6]. In democrazia invece il potere è, in linea di principio, accessibile a tutti. Si sceglie a maggioranza, che è lo strumento tecnico cardine di ogni sistema elettorale democratico. E la maggioranza sceglie al proprio interno dei consimili che la rappresentino e quindi inevitabilmente dei mediocri perché la maggioranza, per «la contraddition che nol consente», non può essere un'élite. Una circostanza che già angustiava Alexis de Tocqueville che ne *La democrazia in America* scrive: «Al mio arrivo negli Stati Uniti fui molto sorpreso fino a qual punto il merito... fosse scarso nei governanti... Quando voi entrate nell'aula dei rappresentanti a Washington restate colpiti dall'aspetto volgare di questa grande assemblea. Invano voi cercate un uomo celebre, quasi tutti i suoi mem-

[5] M. Weber, *Economia e società*, Milano, Edizioni di Comunità, 1980, IV, p. 221.
[6] *Ibid.*, p. 213.

bri sono oscuri personaggi il cui nome non vi dice nulla»[7].

Noi, a quasi due secoli di distanza, siamo meno sorpresi di Tocqueville: la mediocrità dei governanti è il prezzo che la democrazia paga, coerentemente a se stessa. Riferendosi alla democrazia in un'epoca di dittature Bertolt Brecht esclamava «beato il Paese che non ha bisogno né di santi né di eroi» e Borges, pensando alla Svizzera, dove aveva vissuto a lungo, a Ginevra, la città di Rousseau, afferma che è veramente democratico il Paese dove «no se sabe come se llama el Presedente»[8]. La democrazia diffida delle personalità eccezionali e tanto più ne diffida dopo che, nella prima metà del Novecento, si è visto che cosa sono capaci di combinare. E se in frangenti di particolare pericolo è costretta a ricorrervi si comporta come la Roma repubblicana che nominava un *dictator* a tempo di cui si sbarazzava quando non era più necessario, come fecero gli inglesi con Winston Churchill scaricato dopo che aveva vinto la guerra.

La democrazia preferisce le "aule sorde e grigie", come Mussolini definì il Parlamento italia-

[7] A. de Tocqueville, *La democrazia in America*, Milano, Rizzoli, 2002, pp. 210, 212, 213.

[8] L. Borges, *Tutte le opere*, Milano, Mondadori, 1989, I, p. XLIV.

no, ai fuochi di artificio rutilanti perché si sa che sono divertimenti pericolosi. Si preferiscono uomini modesti agli individui "eccezionalmente dotati" di cui parla Weber perché costoro, anche se arrivano al potere utilizzando il metodo democratico, aiutati magari da qualche legnata, tendono inesorabilmente a metterselo sotto i piedi e a distruggerlo, come fecero Hitler e Mussolini.

La democrazia – i liberali ce lo dicono sempre, anzi ci rintronano, ed è quindi nostro dovere prenderli sul serio – è un esercizio faticoso e oscuro. La democrazia, diciamolo pure, diffida, a buon diritto, dell'intelligenza. E quindi ha costruito un meccanismo, le elezioni basate sul principio della maggioranza, che necessariamente e coerentemente premia i mediocri. A scanso del pericolo e delle dittature, il cui ricordo, nel nostro mondo, è recente e ancora bruciante. Ed è proprio dal costante raffronto, esplicito e implicito, con le dittature che la democrazia liberale trae oggi il suo maggior motivo di credibilità presso le opinioni pubbliche occidentali, come se si trattasse di un "aut aut" e non fossero mai esistiti, non esistano, non possano esistere e non siano nemmeno immaginabili sistemi diversi dall'una e dalle altre.

Non attacchiamo la democrazia liberale nemmeno sulla linea, prettamente marxista, che le addebita di non aver eliminato le disuguaglianze economiche e sociali, ma di averle anzi accentuate.

Negli Stati Uniti, Paese modello della democrazia, un quinto delle famiglie americane si accaparra il 45,8% del reddito nazionale, mentre l'ultimo quinto ha solo il 3,2% (cioè il primo quinto ha un reddito 14,3 volte superiore). E salendo ancora verso il vertice della piramide si vede che l'1% delle famiglie ha il 6,8% del reddito nazionale, cioè più del doppio di quello che ha, tutto insieme, il 20% delle famiglie americane più povere. Il rapporto è di quaranta a uno. E si tratta di stime piuttosto vecchiotte, da correggere sicuramente al rialzo perché è documentato che nei Paesi industrializzati la forbice fra ricchi e poveri non fa che aumentare. Tendenza confermata anche dai più recenti dati italiani: nel 1980 il 10% delle famiglie più povere aveva il 2,4% del reddito nazionale, oggi la percentuale, già così infima da apparire difficilmente comprimibile, è scesa al 2,1%[9]. Inoltre, ripetto al 1980, questo già miserrimo 2,1% va ulteriormente tarato perché in tutti i Paesi industrializzati la globalizzazione, vale a dire la micidiale competizione economica mondiale, ha indebolito il *welfare* per i ceti medi, medio-bassi e poveri.

In ogni caso all'interno del mondo occidenta-

[9] Dati Bankitalia, gennaio 2002.

le le disuguaglianze economiche, sia in termini di reddito che patrimoniali, sono enormemente superiori rispetto al passato preindustriale e predemocratico. Perché se è vero che Bill Gates, Soros e i loro pari sono molto più ricchi di qualsiasi nobile dell'*ancien régime* (anche perché la ricchezza basata sulla terra ha dei limiti fisici, quella finanziaria no) è pure vero che i poveri non sono mai stati così poveri rispetto a un tempo in cui, tranne una percentuale quasi irrisoria di mendichi (l'1%)[10], ognuno, per quanto fosse situato sui gradini più bassi della scala sociale, possedeva comunque una casa, un po' di terra, del bestiame e poteva contare su una fittissima rete di servitù comuni. La liberaldemocrazia, combinata col sistema industriale cui è strettamente legata, ha ingigantito le differenze economiche oltre ad averle rese psicologicamente intollerabili in un mondo di teoricamente uguali. È avvenuto esattamente il contrario di ciò che comunemente crediamo – o che ci vien fatto credere – e sono le statistiche, nude e crude, a dimostrarlo[11].

[10] Negli Stati Uniti gli individui sotto la cosiddetta "soglia di povertà", poveri non in senso relativo, rispetto agli standard americani, ma assoluto, sono 35 milioni, il 17% circa della popolazione, negli altri Paesi industrializzati la percentuale si aggira intorno al 12%.

[11] Per un raffronto più puntuale e documentato fra le disuguaglianze nelle società democratiche di oggi e quelle predemo-

Ma rispetto al passato preindustriale sono aumentate anche le disuguaglianze di status. Il che pare davvero incredibile visto che la società dell'*ancien régime*, predemocratica, era divisa in caste, fissate giuridicamente. Eppure oggi gli stili di vita della pop star, dell'attore di cinema, dell'anchorman, del campione di calcio, del grande imprenditore, del grande finanziere, del leader politico, persino della valletta di successo e insomma di quello che si chiama lo star-system, sono molto più lontani dal cittadino comune di quanto non lo fossero quelli del feudatario rispetto al suo contadino.

Ma benché Alexis de Tocqueville, uno dei padri nobili della liberaldemocrazia, sicuramente il più acuto, inizi il suo libro più noto, *La democrazia in America*, scritto dopo un soggiorno di due anni (1831-1832) negli Stati Uniti, con queste esatte parole: «Tra le cose nuove che attirarono la mia attenzione durante il mio soggiorno negli Stati Uniti una soprattutto mi colpì assai profondamente: l'eguaglianza delle condizioni»[12], la democrazia liberale, a differenza di quella "popolare", cioè marxista, non ha mai avuto fra i suoi obbiettivi l'uguaglianza sostan-

cratiche e preindustriali vedi M. Fini, *La Ragione aveva Torto?*, prima ed. Milano, Camunia, 1985, pp. 101-137, Venezia, Marsilio, 2003[4].

[12] Tocqueville, *La democrazia in America*, cit., p. 19.

ziale, economica e sociale, dei cittadini. Anzi è la più convinta avversaria di questo tipo di uguaglianza, poiché si basa sull'individualismo, eletto dai suoi maggiori teorici, da Locke a Stuart Mill, a valore supremo. Nella democrazia liberale ogni individuo ha diritto di rincorrere liberamente il proprio successo personale, economico e sociale. In più il liberalismo ritiene la democrazia sostanziale, oltre che impossibile, perché, come diceva Aristotele, «la verità è che gli uomini *non* sono uguali» (caso mai sono *pari*, che è tutt'altra cosa), controproducente dal punto di vista economico. La proprietà privata, affermava Locke, che fu forse il primo a porre la questione in questi termini[13], è più efficente e produttiva di quella comune o, meglio, comunitaria che esisteva nel Medioevo.

La democrazia liberale si accontenta quindi dell'uguaglianza formale, cioè dell'uguaglianza di tutti i cittadini davanti alla legge. Non la si può perciò accusare di incoerenza se non ha raggiunto un obbiettivo, l'uguaglianza sostanziale, che non è mai stato il suo.

Né noi siamo fra coloro che ritengono che le democrazie siano inefficienti e imbelli. È proprio sul piano dell'efficienza che le democrazie

[13] *Two Treatises of Government* sono del 1690. J. Locke, *Trattato sul governo*, Roma, Editori Riuniti, 2002 e Id., *Il secondo trattato sul governo*, Milano, Rizzoli, 1998.

hanno battuto il sistema sovietico. E non sono imbelli perché al momento opportuno hanno sconfitto il nazismo tedesco, una delle più potenti macchine da guerra che siano mai apparse sulla faccia della terra. Sono così poco imbelli che oggi dominano il mondo e le scarpe chiodate dei loro soldati calcano ogni sorta di suolo.

Infine noi non attacchiamo la democrazia sulla linea che partendo da De Maistre si arrampica, attraverso Nietzsche, fino a Carl Schmitt, Leo Strauss, Alasdair McIntyre, Roberto Mangabeira Unger e agli infiniti altri che fanno carico alla liberaldemocrazia della straordinaria decadenza, soprattutto morale, della società moderna[14].

Non è la decadenza, morale o meno, che ci interessa qui. Ma la coerenza. Noi crediamo che tutti i sistemi siano più o meno buoni, o che comunque abbiano la possibilità di reggere, a seconda che rispettino le premesse e i postulati su cui poggiano o affermano di farlo. Se questa coerenza non c'è, o viene meno, il sistema, prima o poi, crolla. Non perché perda la legittimità – che nessun sistema politico e nessun potere ha – ma la *credenza* nella sua legittimità da parte di coloro che vi sono sottoposti. Il feudalesimo ha funzionato discretamente per parecchi

[14] S. Holmes, *Anatomia dell'antiliberalismo*, Milano, Edizioni di Comunità, 1995.

secoli, in Europa. I patti erano chiari. I contadini e gli artigiani lavoravano e mantenevano la comunità, i signori, in cambio, avevano però due obblighi precisi: dovevano difendere il territorio («esporre i loro corpi e cavalcature in guerra» come si esprimono significativamente, verso la fine del Trecento, due scudieri di Varennes-en-Argonne rispondendo a qualcuno che gli chiedeva ragione dei privilegi dei nobili)[15] e amministrare la giustizia nei loro feudi. Quando delegano ad altri il mestiere delle armi, lasciano, di fatto, i loro castelli e si trasferiscono a Versailles a fare, imparruccati, imbellettati e merlettati, i bellimbusti, la borghesia li caccerà, giustamente, a pedate nel sedere.

Temo che la democrazia sia su questa strada. Che, anzi, ci sia sempre stata. Perché man mano che si svolge il filo della Storia – e son già due secoli che balliamo questa musica – diventa sempre più evidente che la democrazia rappresentativa non solo non rispetta i suoi presupposti e i suoi roboanti principi, ma non è assolutamente in grado di farlo né mai lo farà.

Certo, è ovvio che il modello reale non può mai corrispondere a quello ideale, come si affanna a ripetere ossessivamente, quasi a segnalare ingenuamente una cattiva coscienza, Giovan-

[15] C. Aimond, *Histoire de la ville de Varennes-en-Argonne*, Contaut-Laguerre, 1928, p. 50.

ni Sartori per tutto il suo *Democrazia e definizioni*[16]. Ma ci sono dei limiti alla discrepanza fra ideale e reale. Anche il "socialismo reale" non poteva corrispondere a quello ideale. Ma se si parte dall'idea di liberare l'uomo e invece lo si rende schiavo non vuol dire semplicemente che sulla strada dell'ideale si è messa di mezzo la realtà con tutta la sua forza di attrito e la sua opacità, vuol dire che si è realizzata una cosa opposta a quella che si diceva di voler fare. Lo stesso vale per la democrazia. La democrazia rappresentativa, liberale, borghese, insomma la "democrazia reale" come la conosciamo e la viviamo, e che è attualmente egemone, non è la democrazia. È una finzione. Una parodia. Un imbroglio. Una frode. Una truffa. Noi la definiamo in modo brutale, e in una prima approssimazione che pecca per difetto (perché, come vedremo, la realtà è persino peggiore): «un modo per metterlo nel culo alla gente col suo consenso».

[16] G. Sartori, *Democrazia e definizioni*, Bologna, Il Mulino, 1957.

I Nuer e noi

Partiamo dalle cose più divertenti. Noi paghiamo della gente perché ci comandi. Un masochismo abbastanza impressionante che, come notava Jacques Necker nel 1792, «dovrebbe lasciare stupiti gli uomini capaci di riflessione»[1]. Noi diamo invece la cosa per pacifica, scontata e non ci pensiamo più. Ma farebbe inorridire o sbellicare dalle risa un Nuer.

I Nuer sono un popolo nilotico che vive nelle paludi e nelle vaste savane dell'odierno Sudan meridionale, là dove il grande fiume africano riceve gli affluenti Sobat e Bahr el Ghazal. Un Nuer non solo non paga nessuno perché lo comandi, ma non tollera ordini da chicchessia. I Nuer infatti non hanno capi e nemmeno rappresentanti. «È impossibile vivere fra i Nuer e immaginare dei governanti che li governino. Il

[1] J. Necker, *Du pouvoir exécutif dans les grandes Etats*, 1792, pp. 20-22.

Nuer è il prodotto di un'educazione dura ed egalitaria, profondamente democratico e facilmente portato alla violenza. Il suo spirito turbolento trova ogni restrizione irritabile; nessuno riconosce un superiore sopra di sé. La ricchezza non fa differenza... Un uomo che ha molto bestiame viene invidiato, ma non trattato differentemente da chi ne possiede poco. La nascita non fa differenza... Ogni Nuer considera di valere quanto il suo vicino». Così li descrive l'antropologo inglese Evans-Pritchard che, negli anni trenta, visse fra loro a lungo e li studiò[2].

Una bella lezioncina. I Nuer, su un territorio

[2] E.E. Evans-Pritchard, *I Nuer: un'anarchia ordinata*, Milano, Franco Angeli, 2003, p. 244. I Nuer hanno vissuto così per secoli. Oggi, con la costituzione del Sudan in Stato indipendente (1956), la pretesa governativa di islamizzare le popolazioni meridionali, animiste, l'aleggiare dell'Occidente che vende a questa gente armi moderne, che han trasformato in guerre endemiche e devastanti le scaramucce di un tempo (fra i Nuer e i vicini Dinka, i soli con cui per secoli hanno avuto contatti, le cose erano molto semplici, lineari e regolate secondo convenzioni reciprocamente accettate: i Nuer, guerrieri, razziavano i Dinka e i Dinka, più subdoli, rubavano ai Nuer e anche questo faceva parte dell'equilibrio e dell'ecologia locali), Occidente da cui provengono anche le pestilenziali Ong con le loro pie intenzioni di "educare e scolarizzare" gli indigeni e di "aprirli al mondo esterno", la cultura e le tradizioni Nuer sono state messe in grave pericolo. Tuttavia, nonostante tutto, i Nuer continuano a vivere – guerra a parte – come hanno sempre vissuto e i più refrattari a ogni ordinamento statuale, sia pur larvato, e a ogni "educazione" si sono rifugiati in regioni ancor più remote e inaccessibili tali da metterli al riparo dai rompicoglioni. Vetwork UK 2003, *The Dinka and Nuer. Agro-pastoralists of Southern Sudan*, http://www.eldis.org/pastoralism/cape/gallery.

vasto e con una popolazione sufficientemente numerosa (circa 200 mila individui) da richiedere una qualche organizzazione sociale, sono riusciti a mettere insieme uguaglianza e libertà, due poli apparentemente inconciliabili su cui i figli dell'Illuminismo, i liberali e i marxisti, si accapigliano da un paio di secoli facendo elaborazioni raffinatissime con cui hanno riempito intere biblioteche ma senza cavare un ragno dal buco. Perché democrazia liberale, socialdemocrazia e la cosiddetta "democrazia popolare" o socialista non sono mai state in grado di coniugare libertà e uguaglianza, riuscendo piuttosto, quasi sempre, nell'impresa di mortificare entrambe.

Per i Nuer l'unione di uguaglianza e libertà individuale non è frutto di teorizzazioni, non è un'ideologia, è una pratica e un modo di essere. Un miracolo? O, quantomeno, un'eccezione? Fino a un certo punto: si tratta infatti di una di quelle "società acefale", di quelle "anarchie ordinate" nient'affatto rare nel Continente Nero prima della dominazione musulmana con le sue leggi religiose incompatibili con la libertà e, soprattutto, prima che arrivassimo noi con la nostra democrazia teorica, in salsa liberale o marxista, funzionale alla nostra economia, che ha completamente distrutto l'equilibrio su cui si sostenevano le popolazioni africane e l'Africa stessa.

Si obbietterà che con i Nuer, come con altri popoli che noi chiamiamo "primitivi", che oggi non esistono più o che se pur resistono lo fanno in *enclaves* remote, poco appetibili e sempre più ristrette, siamo proprio all'alba del mondo quando l'uomo conservava intatta la sua vitalità, era in grado di difendersi da sé e non aveva ancora delegato la violenza al monopolio dello Stato. Perché se si offende un Nuer, o anche solo la sua mucca, ci si becca un colpo di zagaglia o, se è di buon umore, di clava, questo è certo. Ecco perché Evans-Pritchard parla di "democrazia fondata sulla violenza" che a noi suona come una blasfema contraddizione in termini. E invece è proprio la possibilità della reazione individuale, o di clan, a limitare, in quelle comunità, la violenza e il sopruso. Ogni Nuer ha un senso profondo della propria dignità e non tollera che sia in alcun modo intaccata. Perché i Nuer pensano, proprio come Locke, uno dei padri spirituali del liberalismo e della democrazia, che gli uomini nascono, per natura, liberi, indipendenti e uguali. Ecco perché non accettano che ci sia qualcuno che li comandi. Boccone che, per la verità, è sempre stato difficile da mandar giù se il pensiero orientale ma anche occidentale si è dovuto inventare, per molti secoli, l'origine divina o semidivina del re, dell'imperatore, o di chi per lui, perché una cosa del genere, altrimenti inconcepibile, potesse essere accettata. Solo un'origine divina poteva legittimare il comando[3].

In Occidente questa favola ha funzionato, e anche piuttosto bene (tutte le testimonianze concordano nell'affermare che la credenza, da parte del popolo, nella sacralità del re e quindi nella sua legittimità al comando era pressoché assoluta)[4], più o meno fino alla Rivoluzione francese. Poi, di fronte al razionalismo avanzante, non tenne più. Dio sarebbe morto nella coscienza degli uomini – come proclamò Nietzsche – qualche decennio più tardi, per l'intanto si cominciò col decapitare i suoi rappresentanti in terra. Bisognava inventarsi una nuova favola. Fu chiamata democrazia, riprendendo il termine («governo del popolo») da un esperimento che era stato fatto ad Atene nel VI e V secolo avanti Cristo.

La legittimità del potere democratico non è diversa da quella del potere regale o carismatico o tradizionale o di qualsiasi altro tipo. Nel

[3] In epoche più antiche, tribali, il re non comanda gli uomini, comanda, o cerca di farlo, le forze magiche e invisibili della natura. È spesso costretto a fare il re dagli altri, di cui è al servizio, vive un'esistenza limitata, in uno spazio circoscritto da cui non può uscire, e se si dimostra inefficiente viene messo a morte. B. de Jouvenel, *Del potere*, Milano, Sugarco, 1991, pp. 84-85.

[4] Fini, *La Ragione aveva Torto?*, cit., pp. 145-161; A. de Tocqueville, *L'Antico regime e la Rivoluzione*, Milano, Rizzoli, 1981, pp. 156-157.

senso che non esiste. Scrive Flaubert ne *L'educazione sentimentale*: «Ma nessun potere è legittimo, nonostante i loro sempiterni principi. Ma, siccome principio significa origine, bisogna riferirsi sempre a una rivoluzione, a un atto violento, a un fatto transitorio. Così il principio del nostro è la sovranità nazionale, intesa nella forma parlamentare... Ma in che cosa mai la sovranità nazionale sarebbe più sacra del diritto divino? Sono finzioni, l'una e l'altra»[5]. Anche Stuart Mill, uno dei padri della liberaldemocrazia, conviene: «Il potere stesso è illegittimo, il miglior governo non ha più diritti del peggiore»[6].

Nessun potere politico è di per sé legittimo per la semplice ragione che si deve rifare a un punto di partenza concettuale che è, per forza di cose, del tutto arbitrario. Quel che conta, come ha chiarito magistralmente Max Weber, è che il potere sia *creduto* legittimo da coloro che vi sono sottoposti, o, quantomeno, da una buona parte, per assicurare una certa stabilità al sistema e al potere stesso[7]. La legittimità è un'illusione condivisa. Niente di male, di grave o di anormale in ciò. Non solo perché, come dice

[5] G. Flaubert, *L'educazione sentimentale*, Milano, Feltrinelli, 2002, p. 174.

[6] J. Stuart Mill, *Saggio sulla libertà*, Est, Milano, Il Saggiatore, 1981, p. 20.

[7] Weber, *Economia e società*, cit., I, p. 208.

Huizinga, «anche le illusioni fanno parte della realtà», ma perché spesso, se non addirittura sempre, sono proprio le illusioni a muovere il mondo. Si pensi, per esempio, alle cosiddette «tre grandi religioni monoteiste», le quali non solo pretendono che ci sia un Dio e unico, il loro, ma che costui si occupi in particolare di un infinitesimo luogo dell'immenso universo e che, all'interno di un'umanità creata, chissà perché, a sua immagine e somiglianza, abbia scelto alcuni popoli o razze o individui per una straordinaria missione salvifica. Questo Dio sarebbe inoltre, per imperscrutabili motivi, buono, anche se poi ogni teodicea si trova di fronte all'irresolubile *busillis* di come da un Dio buono e onnipotente nasca il Male. Ma non è questo un problema che ci riguardi qui. Era solo per dire come le illusioni, le proiezioni psichiche e anche le credenze più stravaganti, fra cui c'è quella che esista un potere legittimo, abbiano funzionato e funzionino magnificamente.

Questa credenza di legittimità la democrazia liberale, come ogni sistema di potere duraturo, l'ha avuta, anche se non ha mai raggiunto i livelli della regalità di diritto divino, e sostanzialmente la conserva. Ma due secoli di esercizio del potere l'hanno fortemente indebolita. Proprio mentre si espande mondialmente sotto la spinta delle élites dominanti, politiche ed economiche, che sono quelle che da questo tipo di regime traggono i maggiori vantaggi, là dov'è nata, in Occidente, la democrazia liberale comincia a suscitare dei dubbi. Sono alcuni decenni, si dice, che la democrazia è in crisi. Ed è significativo che negli Stati Uniti, paese leader del modello, e proprio da uno dei ceppi del pensiero liberale, dal Partito repubblicano, sia nato trent'anni fa il movimento dei *Libertarians* che si propone di abbattere lo Stato, e quindi lo Stato democratico, perché accusa la liberaldemocrazia di aver tradito le sue premesse, poiché invece di esaltare l'individuo lo opprime, soffocandolo in una fittissima rete di leggi, di norme, di regole, di divieti, di proibizioni.

Ma attacchi estremi come quello dei *Libertarians* sono ancora molto marginali. In genere fra gli studiosi e gli intellettuali la critica alla democrazia si limita a qualche aspetto particolare (la sempre minor partecipazione, l'assenteismo elettorale, il diffuso disgusto per la classe politica, eccetera) oppure a rimpiangere una mitica "età dell'oro" democratica, come fa il recentissimo *Postdemocrazia* di Colin Crouch[8], ma nessuno mette in discussione radicale il modello. In quanto al cittadino comune, sente, vede, che non conta nulla, proprio nel momento in cui gli si dice che è titolare, sia pure pro quota, del potere, ma i dubbi, se li ha, se li tiene per sé. Per-

[8] C. Crouch, *Postdemocrazia*, Roma-Bari, Laterza, 2003.

ché nessuno oggi, in Occidente, osa dichiararsi apertamente antidemocratico. Si rischia, democraticamente, la galera.

Che la democrazia, con le sue convinzioni dell'esistenza di «principi eterni», di «diritti naturali e universali», di un «ordine naturale necessario», di «un solo ideale universale»[9], con la sua concezione astratta dell'uomo e con la sua enfatizzazione della "volontà popolare" o anche solo della volontà della maggioranza, contenesse in sé germi di illiberalismo, di oppressione e di totalitarismo, lo si sa da tempo. Il giacobinismo nasce dalle idee democratiche della Rivoluzione francese. E queste idee furono esportate in Europa non con le buone maniere ma con la violenza, sulla punta delle baionette delle armate napoleoniche. Nel 1952 Jacob Talmon pubblicò un libro, ai tempi famoso, intitolato *Le origine della democrazia totalitaria*[10], che si riferiva oltre che all'esperienza giacobina a quella del "socialismo reale" allora in atto da poco più di trent'anni.

Ma giacobinismo e bolscevismo sono la declinazione roussoviana, continentale (Mellory, Mably, Helvétius, d'Holbach, Condorcet, Diderot

[9] J. Talmon, *Le origini della democrazia totalitaria*, Bologna, Il Mulino, 2000, pp. 27-41.

[10] L'edizione originale dell'opera di Talmon è *The Origins of Totalitarian Democracy*, Secker & Warburg, 1952.

e, appunto, Rousseau – i *philosophes*) della democrazia che, assolutizzando "la volontà popolare", o "la volontà generale" come Rousseau la chiama, e facendola interprete del destino della Nazione se non dell'umanità intera, finisce per considerare "devianti" tutte le minoranze e per eliminarle.

La democrazia liberale, che non ha un'origine continentale ma anglosassone, ed è quindi, in partenza, meno teorica e più pragmatica, aveva pensato di mettersi al riparo da questi pericoli tutelando le minoranze dalla "tirannia della maggioranza". Si potrebbe anzi dire che la liberaldemocrazia si struttura proprio per difendere le minoranze dalla maggioranza o dalle maggioranze, che hanno minor bisogno di tutela perché sanno benissimo difendersi da sole. In ogni caso ritiene essenziale questa dialettica fra maggioranza e minoranze. Giovanni Sartori spiega che la democrazia liberale si afferma sulla base del «principio che la differenziazione e non l'uniformità costituisce il lievito e il più vitale alimento degli Stati»[11]. È quindi sorprendente, e inquietante, che oggi la liberaldemocrazia non concepisca più niente al di fuori di se stessa e pretenda di omologare e di piegare l'intero pianeta al proprio modello. Ciò che non tollera, o dice di non tollerare, in casa propria, vale a dire

[11] Sartori, *Democrazia e definizioni*, cit., p. 173.

l'uniformità e l'eliminazione delle diversità e delle differenze, lo impone al mondo.

Una strana parabola la sua. Nata sulla spinta di un sano pragmatismo si è trasformata in un'ideologia radicale. Commette gli stessi, tragici, errori del comunismo diventando, come quello, un universalismo che, in quanto tale, non può che farsi totalitario. Ma va anche più in là. Si comporta come una religione. A differenza delle Potenze di un tempo (ah, i tempi felici in cui c'erano ancora le Potenze e non le Superpotenze), che si limitavano a conquistare territori, la liberaldemocrazia vuole conquistare le anime, vuole *convertire*, vuole che tutti, nel vasto e variegato mondo, si sentano sinceramente democratici. E ritiene che questo sia il destino naturale e ineludibile dell'umanità.

Ma anche se non è per nulla un buon segno che la democrazia o, meglio, le democrazie si propongano in modo totalitario verso l'esterno, verso Stati, nazioni e popoli che si sono dati un assetto di vita diverso, e pretendano per sé, in quanto democrazie, singolari privilegi sul piano internazionale (per esempio si arroghino il diritto di fare la guerra, chiamandola con diverso nome, negato agli altri, di aggredire preventivamente e legittimamente gli Stati non democratici, di possedere sterminati arsenali di «armi di distruzione di massa» proibite invece, chissà perché, agli altri, anche "in modica quantità"), ciò non significa, naturalmente, che siano totalitarie o oppressive al proprio interno. Anzi, la giustificazione che la democrazia si dà per legittimare la propria attuale aggressività è proprio di essere, a differenza di tutti gli altri, un sistema di libertà.

Il grande imbroglio

Che cos'è, realmente, la democrazia? Quando si cerca di definirla iniziano i guai. John Holmes, uno storico e teorico americano del liberalismo, ha scritto che i critici di destra della democrazia «si autodefiniscono negativamente» in opposizione al liberalismo e alla democrazia[1]. C'è del vero. Ma si potrebbe dire, altrettanto legittimamente, che la democrazia si «autodefinisce negativamente» in opposizione alle dittature. Perché quando si cerca di darle un contenuto positivo, preciso e definito, si entra in un ginepraio. Anche se restringiamo il campo alla democrazia liberale, che è quella che qui ci interessa perché è la forma che si è affermata in Occidente, e scartando quindi la democrazia diretta, quella socialista, quella corporativa, quella popolare, ci si trova di fronte a un animale proteiforme, mutante e sfuggente, di cui pare di essere sempre sul pun-

[1] Holmes, *Anatomia dell'antiliberalismo*, cit., p. 9.

to di cogliere l'essenza che tuttavia ci sfugge.

Prima di iniziare questo lavoro ho chiesto ad alcuni miei conoscenti, di buona cultura, di dirmi quale fosse, secondo loro, la caratteristica essenziale della democrazia e ne ho avuto le risposte più disparate: «il consenso», «la libertà», «l'uguaglianza», «la rappresentanza», «le elezioni», «il criterio della maggioranza», «il controllo sull'attività dei governanti».

Ma anche fra gli addetti ai lavori, gli studiosi delle dottrine politiche, circolano svariate e quasi infinite definizioni, come dimostra anche il libro di Giovanni Sartori che si intitola appunto *Democrazia e definizioni*[2]. Nessun elemento, preso di per sé, sembra esclusivo della democrazia e quindi abile a definirla. Sicché Norberto Bobbio, che ha speso tutta la sua lunga vita a studiare il problema, a furia di scartare e scarnificare per afferrare l'essenza della democrazia è costretto a darne una definizione così smunta da apparire quasi priva di significato: «Per regime democratico – scrive – s'intende primariamente un insieme di regole e di procedure per la formazione di decisioni collettive, in cui è prevista e facilitata la partecipazione più ampia possibile degli interessati»[3].

[2] Sartori, *Democrazia e definizioni*, cit.

[3] N. Bobbio, *Il futuro della democrazia*, Torino, Einaudi, 1995, p. XXII.

Cerchiamo, da profani, di capirci almeno qualcosa. Democrazia significa, etimologicamente, «governo del popolo». Scordiamoci che il popolo abbia mai governato alcunché, almeno da quando esiste la democrazia liberale. Se c'è qualcosa che fa sorgere nell'anima di un liberale un puro sentimento di orrore è il governo del popolo. Quindi non è tanto paradossale scoprire che se il popolo ha governato qualcosa è stato in epoche preindustriali, preliberali, predemocratiche. Non è necessario andare a scovare, come fa Alain de Benoist, remote realtà islandesi come l'*Althing*, una forma di autogoverno comparsa intorno all'anno Mille, dove «il *thing*, o parlamento locale, designa nel contempo un luogo e un'assemblea in cui gli uomini liberi detentori di diritti politici eguali, si riuniscono a date fisse per pronunciare la legge»[4]. Basta osservare la comunità di villaggio europea in epoca medievale e rinascimentale, prima che lo Stato nazionale si affermasse definitivamente assorbendo tutto il potere. L'assemblea del villaggio, formata dai capifamiglia, in genere uomini ma anche donne se il marito era morto o assente, decideva assolutamente *tutto* ciò che riguarda il villaggio. A cominciare dall'essenziale: la ripartizione all'interno della comunità delle tasse

[4] A. de Benoist, *Democrazia. Il problema*, Firenze, Arnaud, 1985, p. 11.

reali e dei canoni che alimentano il bilancio comunale. E poi veniva tutto il resto: nominava il sindaco, il maestro di scuola, il pastore comunale, i guardiani delle messi, i riscossori di taglia, votava le spese, contraeva debiti, intentava processi, decideva della vendita, scambio e locazione dei boschi comuni, della riparazione delle strade, dei ponti, della chiesa, del presbiterio e così via[5].

Ma quella era la vecchia, cara democrazia diretta, che non sapeva nemmeno d'esser tale, che non aveva nome né teorizzatori, e che in Francia fu definitivamente spazzata via pochissimi anni prima della Rivoluzione, nel 1787, quando, sotto la pressione dell'avanzante borghesia e della sua smania normativa e prescrittiva, un decreto reale, col pretesto di uniformare e regolare un'attività che aveva sempre funzionato benissimo, limitò il diritto di voto agli abitanti che pagano almeno dieci franchi di imposta e, soprattutto, introdusse il principio – che doveva diventare l'ambiguo cardine del potere politico in Occidente – della rappresentanza (l'assemblea non decide più direttamente ma elegge dai sei ai nove membri...). Lo Stato assoluto reclamava per sé i diritti che quegli zoticoni dei con-

[5] A. Soboul, *La società francese nella seconda metà del Settecento*, Napoli, Giannini, 1971, p. 23; P. Goubert, *L'Ancien Régime*, Milano, Jaca Book, 1976, p. 322.

tadini, degli autentici screanzati, si erano permessi di praticare. E poiché lo Stato è troppo grande territorialmente e complesso giuridicamente perché il popolo possa dire direttamente la sua, nacque la democrazia rappresentativa dove il cittadino, formalmente detentore del potere, lo delega a un altro che diventa il suo rappresentante, mentre il rappresentato, retrocesso alla condizione di governato, partecipa al momento decisionale attraverso periodiche elezioni che divengono, di fatto, l'unico momento in cui egli esercita, o si dice che eserciti, quel potere che è suo. È quindi all'interno del regime rappresentativo che va posta l'inquietante domanda: qual è l'elemento cardine della democrazia?

Sarà, forse, il consenso? Niente affatto. Il consenso può esistere anche nelle dittature, come insegnano nazismo e fascismo, spesso anzi è assai più ampio di quello che i governanti possono ottenere in un regime democratico. Sarà allora il fatto che in democrazia il consenso è spontaneo e nelle dittature coatto? Anche questo è dubbio. Nazismo e fascismo ebbero per un certo periodo un consenso sicuramente spontaneo e volontario. Caduta l'egemonia dell'antifascismo militante, che aveva velato pudicamente per alcuni decenni la vergognosa verità, oggi non c'è libro di storia che non parli degli «anni del consenso» al regime mussoliniano.

Sono quindi le elezioni? Ma anche in Unione

Sovietica, e persino in Bulgaria, com'è noto, si tenevano elezioni.

È il pluripartitismo? Max Weber nota – e siamo già negli anni Venti del Novecento – che «l'esistenza dei partiti non è contemplata, da nessuna Costituzione» democratica e liberale[6]. Non possono quindi essere i partiti l'elemento caratterizzante della democrazia liberale che esisteva anche prima della loro istituzionalizzazione.

Sarà, come alcuni dicono, «il potere della legge»? Ma il potere della legge esiste anche negli Stati autoritari, anzi più uno Stato è autoritario più questo potere è forte e invalicabile. Si obbietterà che negli Stati autoritari la legge è arbitraria e discrimina fra cittadino e cittadino. È perciò, allora, «l'uguaglianza di tutti i cittadini davanti alla legge» il clou della democrazia? Ma anche nei regimi comunisti i cittadini sono uguali, almeno formalmente, davanti alla legge.

È allora il principio della rappresentanza? Ma anche il monarca «rappresenta il popolo».

Sarà dunque, come dice Popper, che la democrazia è quella forma di governo caratterizzata da un insieme di regole che permettono di cambiare i governanti senza far uso della violenza. Neppur questo. È storico che nelle aristocrazie il governo può passare da una fazione a un'altra senza spargimento di sangue.

[6] Weber, *Economia e società*, cit., IV, p. 504.

E si potrebbe andare avanti, per pagine e per decenni, ma non si troverebbe la regola-base della democrazia liberale. Scriveva Carl Becker: «democrazia è una parola che non ha referente, dal momento che non c'è nessuna precisa e palpabile cosa o oggetto al quale tutti pensano quando si pronuncia questa parola»[7].

La democrazia è innanzitutto e soprattutto un metodo. Come ha intuito per primo Hans Kelsen (ma anche Schumpeter)[8]. La democrazia è costituita da una serie di procedure formali, avalutative, cioè prive di contenuto e di valori (dal momento che quelli che vengono sbandierati come propri del sistema, la libertà o l'uguaglianza o la rappresentanza, sono, secondo Kelsen, delle mere *fictio iuris*, delle finzioni giuridiche), per determinare la scelta dei governanti sulla base del meccanismo del prevalere della volontà della maggioranza. Essendo una pura forma priva di contenuti valoriali è fondamentale che almeno questa forma sia rispettata. Ma nemmeno questo, come vedremo, avviene.

Inoltre, le procedure, seguendo il criterio della maggioranza, possono mutare e mutano nel tempo, a tal punto da potersi trasformare,

[7] C.L. Becker, *Modern Democracies*, Yale University Press, 1941, p. 4, trad. it., Casale Monferrato, Marietti, 1953.

[8] H. Kelsen, *Essenza e valore della democrazia*, in *La democrazia*, Bologna, Il Mulino, 1955; J.A. Schumpeter, *Capitalismo, socialismo e democrazia*, Milano, Etas, 2001.

con mezzi democratici, in un sistema sostanzialmente autoritario. Ma poiché non esiste un'essenza della democrazia, un nocciolo duro, una regola-base, non esiste neppure una vera linea di confine per cui si possa dire con sicurezza che si è passati da un sistema a un altro.

Un esempio è il fenomeno berlusconiano in Italia – Paese di cui ci serviremo spesso in questo pamphlet, non perché ci interessi particolarmente, dato che il nostro discorso è generale, ma perché esasperando le ipocrisie, le falsità, le menzogne della democrazia le smaschera – dove un solo individuo ha potuto impadronirsi, con mezzi democratici, o comunque senza che le procedure democratiche potessero impedirglielo, di un potere enorme.

Dal momento che, come abbiamo visto, non esiste una definizione scientifica di democrazia dovremo affidarci a criteri più approssimativi, empirici, pragmatici o, come piacerebbe dire a Sartori, "non perfezionisti". Esamineremo dunque qui non quelli che sono, ma quelli che comunemente *sono creduti essere* i capisaldi di una democrazia liberale, ciò che i democratici *ci dicono* essere – e noi, in grazia delle loro parole, crediamo che siano – i fondamentali della democrazia senza i quali, per loro stessa ammissione, una democrazia non c'è. Insomma ciò che conta è la *vulgata* della democrazia, ciò che il popolo pensa che sia una democrazia in base a quello che gli fanno credere i suoi teorici e i suoi sostenitori. Su questo piano si mette, in sostanza, anche Sartori quando scrive «la vita della democrazia dipende, in ultima analisi, dalle volgarizzazioni dell'idea di democrazia... il destino di un esperimento democratico è affidato a ciò che l'elettorato pensa che sia la democrazia»[9].

Secondo la *vulgata* gli elementi considerati essenziali, e minimali, per l'esistenza della democrazia sono: 1) Il voto deve essere *uguale*. È il concetto che gli anglosassoni esprimono col distico *one man, one vote*, un uomo un voto. Il voto di ogni cittadino non deve valere né di più né di meno di quello di qualsiasi altro. 2) Il voto deve essere *libero*. Deve cioè essere conseguenza di una scelta spontanea, consapevole fra opzioni effettivamente diverse. I governanti devono avere un reale consenso da parte dei governati. 3) I governati devono essere in grado di esercitare un controllo sull'attività e sulle decisioni dei governanti. 4) Questi atti devono essere pubblici e trasparenti. 5) Il rispetto di procedure predeterminate. 6) L'uguaglianza di tutti i cittadini davanti alla legge. 7) La democrazia, come quasi ogni altro sistema (a meno che non si sia fra i Nuer), rifiuta la violenza come metodo di risoluzione dei conflitti politici e privati e la sostituisce, per i primi, con elezioni a suffra-

[9] Sartori, *Democrazia e definizioni*, cit., p. 89.

gio universale e con l'imperio della legge per i secondi.

Nessuna di queste condizioni è rispettata nella democrazia "reale", tranne l'ultima ma per ragioni che nulla hanno a che vedere con la democrazia, bensì con l'autoconservazione del sistema di potere.

Il voto non è uguale. Su questo punto ha detto cose definitive, mai superate, la cosiddetta *scuola elitista* dei primi del Novecento, in particolare con Roberto Michels, Vilfredo Pareto e Gaetano Mosca[10]. Scrive Mosca ne *La classe politica*: «Cento che agiscano sempre di concerto e di intesa gli uni con gli altri trionferanno su mille presi uno a uno che non avranno alcun accordo fra loro»[11].

Il voto del cittadino singolo, libero, non intruppato in gruppi, si diversifica e si disperde, proprio perché libero, laddove gli apparati dei partiti, facendo blocco, sono quelli che effettivamente decidono chi deve essere eletto. Il voto di opinione, cioè il voto veramente libero, non ha alcun peso rispetto al voto organizzato. Am-

[10] R. Michels, *La sociologia del Partito Politico*, Torino, Utet, 1912; V. Pareto, *Trattato di sociologia generale*, Milano, Edizioni di Comunità, 1964; Id., *Trasformazioni della democrazia*, Roma, Volpe, 1975; G. Mosca, *La classe politica*, Bari, Laterza, 1966; Id., *Storia delle dottrine politiche*, Bari, Laterza, 1967.

[11] Mosca, *La classe politica*, cit., p. 54.

mette lo stesso Bobbio: «Oserei dire che l'unica vera opinione è quella di coloro che non votano perché hanno capito, o credono di aver capito che le elezioni sono un rito cui ci si può sottrarre senza danni»[12].

L'esistenza legale di lobbies e partiti è il più grave e decisivo *vulnus* alla democrazia perché ne nega in radice uno dei presupposti fondamentali: che, almeno in partenza e almeno nell'unico momento in cui partecipa realmente al processo decisionale ed esercita quel potere che è formalmente suo, il cittadino sia messo su un piede di parità con tutti gli altri. Non è un caso che i primi teorici della democrazia non facciano alcun cenno ai partiti e che, come notava Max Weber, fino al 1920 le Costituzioni degli Stati democratici non li prendessero nemmeno in considerazione. Ancora oggi, pur avendo i partiti occupato ogni ambito del settore pubblico e anche parte di quello privato, la Costituzione italiana ne fa cenno in un solo, scarno, articolo per dire che: «Tutti i cittadini hanno diritto di associarsi liberamente in partiti per concorrere con metodo democratico a determinare la politica nazionale» (art. 49 Cost.). Invece ciò che era una possibilità, già gravida, come notava Mosca, di pesanti conseguenze per l'effettività della democrazia, perché lede il principio

[12] Bobbio, *Il futuro della democrazia*, cit., p. 155.

dell'uguaglianza del voto, è diventata un obbligo cui non ci si può sottrarre senza condannarsi a una vita al margine. I partiti non sono l'essenza della democrazia, ne sono la fine.

In realtà nessuna democrazia rappresentativa è una democrazia, ma un sistema di minoranze organizzate che prevalgono sulla maggioranza dei cittadini singolarmente presi, soffocandoli, limitandone gravemente la libertà e tenendoli in una condizione di minorità. È un sistema di oligarchie o di *poliarchie* come preferisce chiamarle, pudicamente, Sartori[13].

Fra le oligarchie democratiche e le aristocrazie storiche c'è però una differenza sostanziale. Gli appartenenti alle aristocrazie vere e proprie si distinguono perché posseggono delle qualità specifiche, vere o anche presunte ma comunque credute tali dalla comunità. Nel feudalesimo, occidentale e orientale, i nobili sono coloro che sanno portare le armi, in certe epoche dell'antico Egitto la professione di scriba conduceva alle cariche pubbliche e al potere, in Cina la conoscenza dei numerosissimi e difficili caratteri della scrittura era la base della casta dei mandarini, nella Roma repubblicana il comando, attraverso la trafila delle magistrature (questore, edile, pretore, console), andava ai giurisperiti che, generalmente, erano anche uomini d'arme, in

[13] Sartori, *Democrazia e definizioni*, cit., p. 6.

altre realtà la casta sacerdotale era creduta in possesso di doti particolari per mediare con la divinità oppure l'autorità era conferita agli anziani in quanto ritenuti detentori della saggezza[14]. E così via.

Chi appartiene alle oligarchie democratiche non ha qualità specifiche. La classe politica democratica è formata da persone che hanno come elemento di distinzione unicamente, e tautologicamente, quello di fare politica. La loro legittimazione è tutta interna al meccanismo politico che le ha prodotte. Sono i *professionisti della politica*, che vivono *di* politica e *sulla* politica secondo la lucida e spietata analisi di Max Weber che scrive «*di* politica come professione vive chi tende a farne una duratura forma di guadagno»[15] e aggiunge che l'origine storica di questo tipo di governante «è esclusivamente occidentale»[16].

Poiché non è necessaria alcuna qualità prepolitica la selezione della *nomenklatura* è autoreferenziale, puramente burocratica, avviene all'interno degli apparati di partito attraverso lotte oscure, feroci, degradanti, spesso truffaldine. L'oligarca democratico è un uomo senza quali-

[14] J.G. Frazer, *Il ramo d'oro*, Torino, Boringhieri, 1973, p. 135.

[15] M. Weber, *Il lavoro intellettuale come professione*, Torino, Einaudi, 1977, p. 58.

[16] *Ibid.*, p. 57.

tà. La sua qualità è di non averne alcuna. Il che gli consente una straordinaria adattabilità[17].

Ma, si obbietterà, la mediocrità dei governanti non solo è accettata ma presupposta dalla democrazia. Vero. Ma se al posto di una democrazia apparente c'è un sistema oligarchico la cosa cambia completamente di segno e di senso. In democrazia infatti si accetta la possibilità che i governanti siano mediocri proprio per evitare ogni deriva autoritaria e la concentrazione del potere nelle mani di élites privilegiate, come avviene nei regimi aristocratici. Ma se in democrazia si formano delle aristocrazie di fatto, a causa di un metodo e non in virtù di qualità specifiche, allora la loro mediocrità diventa inaccettabile e intollerabile. Perché la loro superiorità non è giustificata da nulla: hanno i privilegi dell'aristocrazia senza averne le qualità e gli obblighi.

Un'aristocrazia senza qualità, qual è quella dei *professionisti della politica*, non viene rispettata. Nota Tocqueville: «Nella democrazia i semplici cittadini vedono un uomo uscire dalle loro file e giungere in pochi anni alla ricchezza e alla

[17] È curioso, ma forse non del tutto privo di significato, che questa caratteristica (avere come qualità quella di non averne alcuna) appartenga anche al denaro, una delle componenti essenziali della modernità e della stessa democrazia liberale. M. Fini, *Il denaro. «Sterco del demonio»*, Venezia, Marsilio, 1998; G. Simmel, *Filosofia del denaro*, Torino, Utet, 1984.

potenza; questo spettacolo suscita la loro sorpresa e la loro invidia, essi ricercano in che modo colui che era un loro uguale sia oggi investito del diritto di dirigerli»[18]. Vediamo e sentiamo i nostri governanti simili a noi e forse, a torto o a ragione, peggiori di noi e li disprezziamo. Sartori scrive che «noi valutiamo gli uomini, rifiutiamo di obbedire a chi disprezziamo»[19]. La democrazia dimostra che è vero il contrario: si ubbidisce anche a chi si disprezza. E se la credenza nella legittimità del sistema democratico può restare sufficientemente alta da tenerlo in piedi, quella delle persone che concretamente lo incarnano è quasi nulla[20].

Ciò ha conseguenze profonde sull'intero tessuto sociale, come spiega Alexis de Tocqueville in due splendide paginette de *L'Antico regime e la Rivoluzione* dove mette in rilievo il diverso atteggiamento nei confronti del potere dei sudditi del sovrano regale e dei liberi cittadini di una democrazia:

> Bisogna guardarsi bene dal valutare la bassezza degli uomini dal grado della loro sottomissione al potere sovrano, sarebbe servirsi di una falsa misura. Per quanto gli uomini dell'antico regime fossero sottomessi alla volontà del re, un genere

[18] Tocqueville, *La democrazia in America*, cit., p. 230.
[19] Sartori, *Democrazia e definizioni*, cit., p. 96.
[20] Ammette Sartori: «Ben per questo alcune democrazie stentano ad ottenere l'obbedienza», *ibid.*

di obbedienza era loro sconosciuto: non sapevano che cosa fosse piegarsi a un potere illegittimo e contestato, poco rispettato, disprezzato, ma subito perché serve o fa danno. Questa forma di servitù degradante fu loro sempre sconosciuta... Avevano per il re la tenerezza che si ha per un padre e il rispetto che si deve a Dio, sottomettendosi ai suoi ordini più arbitrari non cedevano tanto alla costrizione quanto all'amore e accadeva loro spesso di conservare l'anima liberissima anche nella più estrema dipendenza. Per loro peggio di tutto non è ubbidire, ma ubbidire per un sentimento servile... Sarebbe dunque un grave errore credere che l'antico regime fosse un tempo di servilismo e di schiavitù. Vi regnava molta maggior libertà che ai nostri giorni; ma era una specie di libertà irregolare e intermittente... che permetteva quasi di sfidare tanto la legge quanto l'arbitrio[21].

Insomma quegli uomini si sottomettevano al re e ai nobili perché credevano alla legittimità del loro comando, non erano invece disposti a ubbidire al primo prepotente di turno. Conservavano il senso della propria libertà e dignità quel tanto che basta per opporsi all'arbitrio e al sopruso quando li ritenevano tali.

Nei regimi democratici invece il cittadino, poiché obbedisce a governanti sulla cui qualità e legittimità al comando nutre forti dubbi, si

[21] Tocqueville, *L'Antico regime e la Rivoluzione*, cit., pp. 136-137.

abitua anche a obbedire a «poteri contestati, poco rispettati, disprezzati, illegittimi» purché siano poteri che, in quanto tali, «servono o possono nuocere». In democrazia il potere delle oligarchie, vale a dire dei partiti e dei loro apparati, determinante in vasti settori della società, non è forse formalmente illegittimo, ma è sicuramente arbitrario e tale è sentito dai cittadini i quali vi si sottomettono non perché credono nella sua legittimità ma perché lo temono o attendono da esso vantaggi, benefici, favori, clientelismi. Nota Vilfredo Pareto: «Abbiamo ora, sotto diversa forma, una nuova feudalità, che, in parte, riproduce la sostanza dell'antica. Ai tempi di questa i signori adunavano i vassalli per fare la guerra e, se conseguivano vittoria, li ricompensavano col bottino. Oggi i politicanti operano nello stesso modo e adunano le loro truppe per le elezioni, per compiere atti di violenza contro gli avversari e per conseguire per tale modo utili che la parte vittoriosa si gode»[22].

Ma mentre nel feudalesimo l'obbedienza al signore e il godere, in cambio, dei benefici da lui elargiti faceva parte della forma stessa che aveva assunto quella società (che proprio per ciò si chiama feudale) e non era quindi percepita, come avverte Tocqueville, come qualcosa di lesivo del-

[22] Pareto, *Trattato di sociologia generale*, cit., vol. II, pp. 277, 278.

la propria dignità, poiché tali comportamenti erano legittimati, in democrazia, che si basa teoricamente su ben altri presupposti e su ideali praticamente opposti, l'obbedienza alle oligarchie e ai loro capibastone è sentita per quello che è: una sottomissione umiliante, un servaggio degradante cui ci si deve adattare e assoggettare. La vera cifra del cittadino democratico non è il rispetto dell'autorità, che disprezza ma teme, o della legge, che appena può disattende, ma il servilismo.

Il regime democratico, trasformato surrettiziamente in un sistema di oligarchie e di feudatari senza prestigio e senza obblighi, si presta quindi in modo particolare alla perdita di dignità da parte del cittadino e alla sua corruzione, morale e materiale.

La corruzione dei governati si intreccia fatalmente con quella dei governanti. Che le classi dirigenti democratiche siano profondamente corrotte è universalmente riconosciuto. Anche le dittature o le autocrazie o le aristocrazie naturalmente lo sono. Ma è un'eventualità, sia pur molto probabile, in democrazia invece è una necessità pressoché ineludibile dovuta proprio a quella che ne è l'essenza: la competizione. Perché non è competizione leale fra cittadini singoli e uguali, posti sulla stessa linea di partenza, ma una feroce lotta fra gruppi organizzati per la spartizione del potere, che hanno quindi bisogno di strutture, di mezzi ingenti, di uomini, di servi e, soprattutto, di denaro. Diciamo che un tempo, prima dell'avvento degli splendori democratici, la classe dirigente si corrompeva, quando si corrompeva, perché aveva il potere, non era già corrotta prima di arrivarci e per arrivarci. E la corruzione dei governanti si irradia a cascata sui governati, in un gioco di controspecchi, di rimbalzi, di sinergie negative, dove la corruttibilità degli uni incoraggia e rafforza quella degli altri. In Afghanistan gli americani hanno offerto 50 milioni di dollari a chi li aiutasse a catturare il mullah Omar. Da quelle parti con una cifra simile si compra tutto l'Afghanistan e anche un po' di Pakistan ma finora non si è trovato nessuno disposto a tradire il mullah. In democrazia per qualche euro o dollaro in più si vende anche la madre.

Il fatto è che la democrazia, essendo un metodo, un contenitore, non è un valore in sé e non propone valori. È un sacco vuoto che andrebbe riempito. Ma il pensiero e la pratica liberale e laica, che sono il substrato su cui è cresciuta la democrazia, mentre facevano tabula rasa dei valori preesistenti, non sono stati in grado, in due secoli, di riempiere il contenitore di contenuti, se non quantitativi e mercantili. Per qualche tempo la democrazia è vissuta sul trascinamento, per inerzia, di alcuni degli antichi valori, oggi non ne ha nessuno se non, tautologicamente, se stessa.

Le monarchie assolute, le teocrazie, il potere carismatico e persino le dittature propongono invece valori forti, buoni o cattivi che siano, in genere condivisi dalla popolazione o da una buona parte di essa. Non è necessario che i governanti credano sul serio a quei valori – di solito non ci credono affatto – importante è che ci credano i governati. Naturalmente questi valori non esistono oggettivamente, perché non c'è nessun Assoluto che possa essere preso come punto di riferimento, da cui far discendere una gerarchia fra ciò che è Bene e ciò che è Male. Sono solo credenze, illusioni, sono i sogni degli uomini. Ma aiutano a vivere. Sono bisogni profondi della natura umana, che la democrazia delle procedure, del metodo e delle formule astratte non esaudisce e non appaga.

Inoltre la democrazia, a differenza della dittatura, non consente nemmeno la nettezza, la purezza, il piacere, sia pur pagati a caro prezzo, magari con la vita, dell'opposizione, perché con la sua indefinibilità rende tutto incerto, tutto avvolge, ingloba, compromette e, alla fine, sporca. Non ha alcuna dimensione epica in cui l'uomo possa dimostrare che crede sul serio ai propri valori o, al contrario, la propria pochezza[23].

[23] Una volta, parecchi anni fa, Indro Montanelli, dicendosi disgustato della morbidezza e della mollezza della Democrazia cristiana, che ammorbidiva, incorporava, estenuava e alla fine

Oserei dire che non ha, nel bene e nel male, alcuna dimensione umana.

La corruzione dei governati è questione che riguarda solo loro, la loro dignità e moralità. Ma quella dei governanti, che in democrazia avviene principalmente accettando o pretendendo soldi da altre oligarchie, quelle economiche, che in una società centrata sul mercato e il denaro hanno finito per prendere il sopravvento sulle stesse oligarchie politiche, ha riflessi rilevanti sulla credibilità dell'intero sistema e ne inficia le basi. Spiega Luciano Canfora:

> Il trito tema della corruzione politica è... quasi emblematico. Non perché faccia davvero scandalo che il potere economico "paghi" i partiti... ma perché *non si deve sapere*; quell'*arcanum* della democrazia parlamentare, se rivelato, può cancellare l'illusione che la democrazia parlamentare sia effettivamente una forma di democrazia. Il disagio del ceto politico nasce dunque quando affiora questa struttura profonda, il che può aver contraccolpi sul *consenso*, consenso che, come sappiamo, è un pilastro del sistema... Intanto l'elettore medio accetta di continuare a servirsi del voto per conferire una delega a dei rappresentanti

innocuizzava qualsiasi opposizione, togliendole ogni soddisfazione e dignità, mi mostrò una fotografia, incastonata in una cornicetta d'argento, che teneva, a mo' di santino, come altri fanno con le immagini della madre o della moglie e dei figli, sulla sua scrivania, al «Giornale». Con sorpresa vidi che si trattava di Stalin. «Con questo ci sarebbe stato gusto, a battersi» disse.

in quanto ritiene che siano salve le regole di base della rappresentanza[24].

Questo discorso introduce alla seconda premessa tradita della democrazia: la reale libertà del voto e del consenso. Il voto non è libero e il consenso è truccato.

Noi non scegliamo i candidati alle elezioni. Li scelgono i partiti, cioè le oligarchie. Il popolo che teoricamente e formalmente detiene la sovranità subisce quindi una doppia o tripla espropriazione. Prima delega la sovranità a dei rappresentanti, poi delega ai partiti la scelta dei candidati e infine, poiché gli apparati fanno blocco su chi vogliono che sia effettivamente eletto, anche dei rappresentanti.

Il sistema elettorale maggioritario completa l'espropriazione e la rende sfacciata. Se infatti col proporzionale il cittadino ha almeno l'illusione di fare una scelta fra candidati decisi da altri, col maggioritario a collegio uninominale la perde. Si può votare un solo candidato, quello deciso dal partito. Nelle elezioni politiche italiane del 2001, il candidato al Senato di Forza Italia, Marcello dell'Utri, un uomo con precedenti penali gravi e sottoposto a varie inchieste giudiziarie, sospettato, a torto o a ragione, di rapporti con la mafia, vinse con quasi il 50% dei voti

[24] Canfora, *Critica della retorica democratica*, cit., p. 83.

nella città, Milano, che pochi anni prima era stata capofila della rivolta contro la criminalità politica. Giuliano Ferrara, direttore di un giornale fiancheggiatore di Forza Italia, spiegò: «In quel collegio avremmo potuto presentare anche un cavallo e avremmo vinto lo stesso». Ciò che non era riuscito all'imperatore romano Caligola, può riuscire in democrazia[25].

Il capo del partito (o comunque il ristretto gruppo dirigente che costituisce l'élite delle élites oligarchiche) non sceglie quindi solo i candidati ma, attraverso l'assegnazione di collegi "sicuri", anche gli eletti, cioè chi deve concretamente rappresentare il popolo sovrano. Ma in un sistema bipolare il potere del capo della coalizione si spinge più in là, il leader decide anche, e in una certa misura, sempre attraverso l'assegnazione di collegi "sicuri", in quale proporzione devono essere rappresentati in Parla-

[25] In realtà Caligola non solo non fece senatore il suo cavallo ma non ebbe mai questa intenzione. Di fronte all'assenteismo *fainéant* della classe senatoriale disse semplicemente: «Se le cose stanno così potrei fare senatore anche il mio cavallo». Una battuta. In una società strutturalmente raffinata come quella dell'Impero, regolata dal diritto di cui i latini sono stati gli inventori, una stravaganza come quella attribuita a Caligola non era nemmeno immaginabile. Queste ridicole leggende fan parte della tendenza, per nulla innocente, della modernità a svalutare e ridicolizzare le classi dirigenti delle civiltà che l'hanno preceduta. Così la società romana del primo secolo d.C., concordemente ritenuto il "secolo d'oro" dell'Impero, sarebbe stata guidata, da Tiberio a Nerone, da pazzi, criminali e debosciati.

mento i partiti alleati e minori. Come è avvenuto in Italia alle ultime elezioni dove la Lega, grazie ad accordi con l'onorevole Berlusconi, ha ottenuto più parlamentari di quanti gliene attribuissero i voti effettivamente ricevuti, rimasti sotto il 4%.

Come nel sistema bolscevico il potere, di passaggio in passaggio, finiva per concentrarsi nelle mani di un solo uomo, il Segretario del partito, nella democrazia rappresentativa bipolare il potere passa dal popolo ai suoi rappresentanti, da costoro ai partiti, dai partiti agli apparati, dagli apparati al ristretto gruppo dirigente, da questo ai leader per condensarsi infine nel capo della coalizione. È vero che qui i *dictator* sono almeno due, uno di maggioranza e uno di opposizione, ma questa contrapposizione, come vedremo fra poco, è solo apparente.

Se non può decidere i propri candidati, i propri eletti e quindi i propri rappresentanti, il popolo sovrano può però almeno scegliere liberamente fra diverse opzioni, fra diversi partiti, fra diverse politiche, fra idee diverse. Il consenso è libero. Neppure questo è vero.

Il potere democratico si basa, più di qualunque altro, sulla parola. Il condottiero deve conquistare città e territori o difenderli. Il capo carismatico avrà alle spalle azioni con cui ha costruito il proprio prestigio. Il dittatore prende decisioni che sono direttamente riferibili alla sua persona. Il potere di origine divina o semidivina è invece silenzioso per non usurare con la parola la propria sacralità e credibilità. L'imperatore di Bisanzio non parla se non attraverso il suo logoteta, perché il silenzio e la ieratica misuratezza dei gesti, sin quasi all'immobilità, come si coglie bene nel famoso mosaico della corte giustinianea a San Vitale, a Ravenna, sono il segno del suo comando e della sua *auctoritas*[26].

L'uomo politico democratico invece parla. Non fa che parlare. È la sua attività principale e quasi esclusiva. «La politica moderna – scrive Weber – si serve della parola in misura quantitativa enorme»[27]. E la parola è inganno, frode, menzogna. «Il tuo dire sia sì sì no no, il resto viene dal Maligno» è scritto nel Vangelo.

Il leader democratico è un demagogo e non è un caso che questo termine sia stato appioppato per la prima volta a Pericle, il principe della democrazia ateniese, e non a un qualche tiranno. Vive di parole. È tutto fuorché un uomo d'azione[28]. È un "culo di pietra". E la possibilità di

[26] R. Mancini, *I guardiani della voce*, Roma, Carocci, 2002, pp. 34-51. Nell'uso moderno del "portavoce" non c'è solo l'esigenza di risparmiare il tempo del leader, oltre a quella di permettergli di correggere il tiro e rimangiarsi ciò che è stato detto su sua indicazione e in suo nome, c'è anche l'eco, sia pur lontana, dell'antica convinzione che l'uso eccessivo della parola finisce per logorare l'autorità del capo.

[27] Weber, *Il lavoro intellettuale come professione*, cit., p. 73.

[28] George W. Bush, formalmente comandante in capo dell'esercito americano, durante la guerra del Golfo svenne, in casa

verificare la coerenza delle sue parole con i fatti, che si riducono sostanzialmente alla partecipazione alla formazione delle leggi o, se siede al governo, all'emanazione di provvedimenti amministrativi, è minima. Fra le parole e gli atti passa in genere un tal lasso di tempo, riempito da altre parole, che il cittadino si è ormai dimenticato di ciò che era stato detto in origine. Non perché il popolo sia necessariamente "bue", come lo considerano gli oligarchi democratici, al di là degli omaggi verbali e di facciata, ma perché la gente, come canta il menestrello Jannacci, «l'ha ga i so impegn', deve lavorare, mentre quelli son *professionisti* e non han altro da fare». «Il programma di governo – scrive

sua, dopo aver ingurgitato un salatino. Aldo Moro, dalla prigione in cui lo tenevano le Br, scrive le lettere che scrive. Il "decisionista" Craxi, al momento di assumersi le proprie responsabilità, scappa come un leprotto impaurito. È difficile immaginare gli esangui leader di una democrazia consolidata, abituati a esibirsi davanti a microfoni compiacenti, essere all'altezza dell'azione, quando se ne presenti la necessità.

Anche i dittatori, come in genere tutti gli uomini del Potere, almeno nella modernità, sono di solito degli emeriti vigliacchi. Lo si è visto, recentemente, con Saddam Hussein, lo si vide, a suo tempo, con Mussolini che dopo tante parole sulla "bella morte", che avevano indotto migliaia di ragazzi a farsi ammazzare per lui, fu pescato a fuggire travestito da soldato tedesco ed è notorio che Stalin, che ne aveva fatti uccidere a milioni, aveva un abbietto terrore della morte. Ma non sempre è andata così. Hitler e Goebbels si suicidarono nel bunker dando così una qualche coerenza, perlomeno estetica, alla loro follia e il mullah Omar, braccato dal più potente esercito del mondo, scherzò gli americani fuggendo in motocicletta, come una specie di Lawrence d'Arabia.

sarcasticamente Weber – ha un significato quasi puramente fraseologico»[29].

Inoltre in uno Stato moderno e democratico la formazione delle leggi e la loro applicazione dipendono da una tale molteplicità di fattori, di interventi e di variabili che il politico se ne può sempre dissociare, quando producono effetti negativi, o appropriarsene nel caso contrario.

Molto spesso poi le decisioni dei governanti rivelano i loro reali effetti solo parecchi anni dopo (si pensi, per esempio, alla sciagurata politica previdenziale e di spesa della classe dirigente italiana negli anni Ottanta). Per cui il politico democratico, che deve tener d'occhio il consenso, o piuttosto manipolarlo, è fatalmente indotto a prendere decisioni demagogiche che solo all'apparenza soddisfano gli interessi della comunità. «Si tratta – scrive Sartori – di affascinare più che di dare, di promettere più che di mantenere»[30]. Il "grande comunicatore" è un grande truffatore.

Basato sulla parola e l'immagine il potere democratico si regge, più di altri, sull'apparenza. Prendiamo un caso americano: Kennedy e Nixon. Kennedy iniziò la disastrosa avventura del Vietnam, decise l'altrettanto disastrosa operazione della "Baia dei Porci", insieme a Kru-

[29] Weber, *Il lavoro intellettuale come professione*, cit., p. 61.
[30] Sartori, *Democrazia e definizioni*, cit., p. 58.

scev (altro prediletto della stampa internazionale per la sua aria da contadino "scarpe grosse e cervello fino") portò l'umanità, per la prima e unica volta nel quarantennio del confronto sovieto-americano, sull'orlo della terza guerra mondiale, era legato, attraverso il boss Sem Giancana, alla mafia, è forse alle spalle della morte di Marilyn Monroe. Nixon chiuse la guerra del Vietnam, fu il primo presidente americano ad aprire alla Cina (dialogo di cui oggi si celebrano i fasti), sganciò il dollaro dall'oro (1971) facendola finita con la truffa del *gold exchange standard*, non era mafioso. Ma poiché Kennedy era «bello e di gentile aspetto», ci aveva la moglie carina, bei bambini biondi, ha sempre goduto del favore dei media occidentali, e quindi anche dell'opinione pubblica internazionale, mentre Nixon, che aveva un brutto grugno, era ed è rimasto sempre "Nixon boia" e fu fatto fuori, con l'aiuto della stampa manovrata dai suoi avversari, per una bagatella.

A supporto della parola e dell'immagine, i loro grandi strumenti di seduzione per accaparrarsi il consenso di quello che un tempo si chiamava popolo e oggi viene detta *opinione pubblica*, le oligarchie e i loro leader hanno a disposizione potenti mezzi di mediazione e di suggestione.

Sono lontani i tempi in cui, come racconta Weber, «i Tories si appoggiavano nelle campagne al parroco anglicano e inoltre – il più delle volte – al maestro di scuola e soprattutto ai grandi proprietari delle *county*; i Wighs, per lo più, al pastore non-conformista (dove ce n'era uno), l'ufficiale postale, il fabbro, il sarto, il sellaio, e cioè a quegli artigiani i quali – dato che con essi si ha più occasione per chiacchierare – possono esercitare un'influenza politica»[31]. Oggi i mediatori sono ben altri. Sono i grandi mezzi di comunicazione di massa, non per nulla chiamati gli "strumenti del consenso". Tali mezzi sono controllati dalle oligarchie, economiche e politiche.

Nella retorica, tutta liberaldemocratica e specialmente anglosassone, della stampa come "cane da guardia del potere" ci si è dimenticati che i giornali di carta stampata nascono, nei primi decenni del Seicento, per difendere gli interessi dei governanti. La «Gazzette» di Théofraste Renaudot, considerato il padre del giornalismo francese, era controllata dal cardinale Richelieu e vi scriveva addirittura, sia pure con un *nom de plume*, lo stesso re Luigi XIII[32]. Il primo giornale in assoluto stampato in Europa, la «Niewe Antwerpsche Tüdinghen» (1605), era al servizio dell'Arciduca Alberto d'Austria. In Inghilterra i giornali erano sottoposti al controllo del Parla-

[31] Weber, *Il lavoro intellettuale come professione*, cit., p. 85.
[32] F. Cunsolo, *Il mondo in sei pagine*, Elmo editore, 1952, pp. 43-45.

mento, cioè, all'epoca, delle aristocrazie economiche e di sangue. A Genova «i cittadini ritenevano le gazzette a stampa divulgatrici delle frottole che facevano comodo alle autorità»[33]. La stampa era talmente screditata che Luca Assarino, forse il primo giornalista italiano, sentì il bisogno di chiamare il suo organo «Il Sincero». Assarino era una spia, un informatore segreto al soldo del principe di San Tommaso, primo ministro del governo piemontese.

Da allora, passando per *Bel-Ami*, le cose non sono granché cambiate. Se non in peggio, sia pur dietro lo schermo di sofisticate mascherature, a causa degli enormi investimenti che comporta la pubblicazione di un giornale. I grandi organi di informazione, quelli che contano, che «fanno opinione», sono in mano a potentati economici, cioè ad oligarchie strettamente legate, in un inestricabile intreccio di interessi, a quelle politiche. In Italia il principale giornale filo-governativo, il «Corriere della Sera» e il principale quotidiano d'opposizione, «la Repubblica», fanno capo a gruppi che appartengono alla stessa oligarchia economica e hanno, di fondo, gli stessi interessi.

L'avvento della Televisione ha fatto fare passi

[33] *Ibid.*, p. 39. Durante la prima guerra mondiale i soldati chiamavano «La Stampa» di Torino "la busiarda", per le corrispondenze di Luigi Barzini senior, uno dei più prestigiosi giornalisti italiani di ogni tempo.

decisivi alla manipolazione del consenso. Sia per la potenza dello strumento che per i mezzi economici che richiede. Edward Luttwak, in *Che cos'è davvero la democrazia*, scrive che «il lavaggio del cervello è un mito cinematografico»[34]. Se così fosse non si capirebbe perché tutti i poteri, democratici e non, facciano a gara per controllare le TV. Nelle capitali del Medio Oriente il palazzo più presidiato, con carri armati e tutto il resto, non è quello del governo, ma della TV e l'ultimo "golpe" tentato in Russia, quello di Ruskoi e Khasbulatov, fu un attacco alla Televisione di Stato.

Il potere politico di una Rete TV non sta solo e tanto nell'informazione direttamente politica, ma nella cultura che diffonde col suo intero palinsesto. Se nel 1994 l'imprenditore Berlusconi, nonostante si presentasse per la prima volta e politicamente fosse un carneade, poté vincere quelle elezioni con percentuali simili a quelle di un grande partito di massa come la Democrazia cristiana, non è perché i suoi tre network fecero campagna per lui (tre network, in quel momento, li controllava anche il suo avversario) ma perché per una dozzina d'anni, possedendo l'intero sistema televisivo privato nazionale, aveva potuto educare gli italiani alla sua cultura e alle

[34] E. Luttwak, *Che cos'è davvero la democrazia*, Milano, Mondadori, 2000, p. 57.

sue preferenze. Nessuno, che non sia in malafede, può negare che la Televisione sia il più potente mezzo per plasmare e, se occorre, plagiare l'opinione pubblica.

In Europa una Rete nazionale vale, mediamente, due miliardi di euro. Chi può impegnarsi a questo livello se non le oligarchie economiche o le TV di Stato occupate, con i soldi del cittadino, dalle oligarchie politiche? In Italia tre Reti nazionali sono di proprietà dell'uomo più ricco del Paese, che casualmente è anche il capo del governo, tre sono controllate dai partiti, una è in mano a un imprenditore legato al premier e il sistema Sky fa capo a un magnate internazionale che in Gran Bretagna, sul «Sun», ha sostenuto indifferentemente prima il governo conservatore della Thatcher poi quello cosiddetto socialista di Blair.

Nelle altre democrazie la situazione è un po' più camuffata, ma sostanzialmente è la stessa: il potere mediatico è in mano alle oligarchie.

Se l'autonomia dei media è inesistente, quella dei giornalisti è minima. La differenza sta nel fatto che i primi dipendono principalmente dal potere economico, i secondi da quello politico. Max Weber descrive i giornalisti come «una specie di casta di paria»[35]. Non c'è nulla da aggiungere. Ci sono certamente dei giornalisti che

[35] Weber, *Il lavoro intellettuale come professione*, cit., p. 74.

cercano di fare il loro mestiere in modo indipendente, ma la funzione della classe degli operatori dell'informazione, presa nel suo complesso, è quella, soprattutto ai livelli più alti, di sostenere le oligarchie da cui peraltro dipendono il corso delle carriere e la collocazione nei posti di maggior prestigio.

Il flusso del consenso non va quindi dal basso verso l'alto, come vorrebbe la teoria democratica, ma dall'alto verso il basso. Non sono i governati a orientare i governanti, ma i governanti a condizionare i governati: «Un esame realistico portato sulle democrazie esistenti presenta l'ideale (democratico, *n.d.r.*) alla rovescia»[36].

Questo capovolgimento del flusso del consenso non riguarda ovviamente solo e tanto il momento elettorale, ma l'intera attività politica, compresa quella decisionale. Il contadino, quando si recava all'assemblea del villaggio per partecipare a qualche decisione, sapeva benissimo di che si trattava, perché erano cose a lui vicinissime e da lui controllabili. Stava sul suo e decideva del suo. Nella democrazia rappresentativa il cittadino, salvo casi particolari ed eccezionali, non conosce le materie che sono oggetto delle decisioni del governo o dell'atteggiamento dell'opposizione e deve per forza affidar-

[36] Sartori, *Democrazia e definizioni*, cit., p. 65.

si, oltre che alla fiducia cieca nei suoi cosiddetti rappresentanti i quali, tra l'altro, non avendo vincolo di mandato, sono liberi di fare ciò che gli pare, ai mezzi di comunicazione che non stanno dalla sua parte ma da quella del giaguaro. Inoltre, sia detto di passata, molto spesso le leggi non sono fatte per lo scopo che viene dichiarato, che è solo un magniloquente paravento. Soprattutto quelle che hanno un contenuto economico capita che contengano un codicillo destinato a favorire, col tacito beneplacito dell'opposizione che vi avrà barattato qualche altro inconfessabile vantaggio, un oligarca o un gruppo di oligarchi e che è il vero scopo dell'operazione[37].

Quindi anche il famoso controllo sull'attività dei governanti si rivela una delle tante *fictio iuris* di cui, come aveva ben visto Kelsen, è imbottita la democrazia. Tanto più che anche la *trasparenza* degli atti, la loro pubblicità, altro caposaldo democratico, è puramente formale.

[37] Quando, negli anni settanta, lavoravo alla Pirelli, a contatto con l'ufficio legale, mi capitò di constatare "de visu" che tutta una complicatissima legge voluta dal ministro delle Finanze, Bruno Visentini, dell'integerrimo Partito repubblicano dell'ultraintegerrimo Ugo La Malfa, era solo l'involucro, la copertura, di un paio di righe che regalavano qualche miliardo all'Olivetti di cui lo stesso Visentini era presidente, sia pur onorario. Il conflitto di interessi non nasce con Berlusconi, con costui diventa solo macroscopico, a tutti evidente e in un certo senso si potrebbe anche dire che viene utilmente smascherato.

Pubblico è solo l'atto finale della decisione (come lo è, peraltro, in qualsiasi regime, anche non democratico), ma tutto ciò che lo precede si svolge in oscuri conciliaboli fra i vertici dei partiti.

Dice: e il Parlamento? Quegli atti non vengono forse discussi pubblicamente in Parlamento? Ma anche il lavoro del Parlamento non è che vuota retorica perché i parlamentari, in virtù della "disciplina di partito", cioè della fedeltà feudale alla propria oligarchia dalla quale traggono la loro posizione con i relativi privilegi, non fanno altro che avallare decisioni prese fuori dal Parlamento, dai leader di partito. Ma persino il governo formale non è quello sostanziale, che è costituito dalle direzioni dei partiti.

«Un sistema democratico – scrive Sartori – finisce per spostare la localizzazione del potere politico dalla sua sede istituzionale – e cioè il governo e il Parlamento – a una sede di fatto che è in sostanza la direzione dei partiti politici. Le decisioni di fondo, le direttive politiche di massima, sono elaborate non tanto nella loro sede ufficiale quanto nelle cosiddette "cucine di partito"»[38]. A questo punto cosa controlla l'ultima ruota del carro, il cittadino, il rappresentato che, all'inizio della catena, non ha potuto nemmeno scegliere i rappresentanti che, a loro vol-

[38] Sartori, *Democrazia e definizioni*, cit., p. 71.

ta, non controllano i governanti i quali, infine, sono sotto il dominio di una sorta di "Direttorio" fuori dalle Istituzioni?

Quanto conti realmente il controllo e il consenso popolare lo si è potuto vedere bene nell'ultima guerra all'Iraq. Le opinioni pubbliche di Gran Bretagna, Italia, Spagna e Polonia, tutti Paesi democratici, erano, a gran maggioranza, contrarie alla guerra (in Spagna nella misura dell'85%, secondo sondaggi ufficiali), ma ciò non ha impedito ai rispettivi governi e Parlamenti di infischiarsene e di parteciparvi con l'invio di truppe (in fondo sono state più in armonia con la volontà delle proprie popolazioni le autocrazie arabe). E se non si rispetta la volontà popolare per fatti così fondanti come decidere di partecipare o no a una guerra, con tutte le implicazioni, morali e materiali, che comporta per l'intera collettività, fra cui ci sono quelle di legittimare l'omicidio e di accettare che i propri soldati, e non solo loro, possano essere uccisi, è facile immaginare che conto reale se ne faccia in questioni meno importanti. Per le leadership (le *leads* come le chiama l'intellighenzia americana) il consenso è solo strumentale. Lo si carpisce – per fini di potere, personale e di gruppo, e lo si tradisce ogni volta che contrasta con i propri interessi di casta.

Però in democrazia – questo è l'asso nella manica – i governati, attraverso il voto, possono cambiare, a differenza delle dittature e delle autocrazie (ma non, per esempio, delle teocrazie), i loro governanti. Possono cioè scegliere da quale oligarchia essere soggiogati e asserviti. Cambia qualcosa per il cittadino americano se al posto di George W. Bush va Hillary Clinton? I 35 milioni di poveri che ci sono ora, con i repubblicani, c'erano anche con il Clinton marito e democratico o con Reagan. E non cambia niente, per la verità, anche per quel suddito planetario degli Stati Uniti che è diventato il popolo del mondo. Il primo a mettersi sotto i piedi ogni regola di diritto internazionale non è stato il muscolare repubblicano George W. Bush, ma il mite e democratico Bill Clinton quando, autopromossosi, insieme ad altre democrazie, poliziotto del mondo, ha aggredito, senza avere l'avallo dell'Onu né alcuna plausibile giustificazione, la Jugoslavia (Milosevic non costituiva un pericolo per gli Stati Uniti né per alcun loro alleato e nemmeno c'erano in quella regione risorse energetiche da depredare), violando il principio, fino ad allora mai messo in discussione, della non ingerenza negli affari interni di uno Stato sovrano. E l'Italia partecipò a quella guerra, contro la volontà dell'opinione pubblica (oltre che, sia detto di passata, contro i propri interessi nazionali), quando era guidata da un governo di sinistra, così come ora ha partecipato, sempre senza il consenso dell'opinione pubblica, alla guerra all'Iraq con un governo di destra.

Che anche l'alternanza al potere sia una delle tante finzioni di cui si nutre la democrazia è particolarmente evidente nei sistemi bipolari o bipartitici, soprattutto oggi, in una società senza più classi, composta da un indifferenziato ceto medio, e dove, dopo la caduta del comunismo, tutti i partiti, a parte qualche eccezione senza rilievo, sono a favore di quel libero mercato che, insieme al modello industriale, è il meccanismo reale che detta le condizioni della nostra esistenza, i nostri stili e ritmi di vita e di cui la democrazia è solo l'involucro legittimante, la carta più o meno luccicante che ricopre la caramella avvelenata.

In mancanza di vere alternative questo enorme ceto medio si divide fra destra e sinistra con la stessa razionalità con cui si tifa Roma invece che Lazio, Milan o Inter[39]. E quando il cosiddetto "popolo della sinistra" (o della destra) scende in piazza per festeggiare qualche vittoria elettorale, ballando, cantando, saltando, agitandosi, esaltandosi, è particolarmente patetico perché i vantaggi che trae da quella vittoria sono puramente immaginari, o, nella migliore delle ipotesi, sentimentali, mentre i ricavi reali van-

[39] Mi pare che il film di Paolo Virzì, *Caterina va in città*, colga bene, sia pur in una maniera un po' troppo caricaturale che ne depotenzia la denuncia, questo aspetto.

no non a quegli spettatori illusi ma a chi sta giocando la partita del potere.

Ad ogni tornata elettorale c'è un solo sconfitto sicuro, che non è la fazione che l'ha perduta ma proprio quel popolo festante insieme a quell'altro che è rimasto a casa a masticare amaro per le stesse irragionevoli ragioni per cui l'altro è sceso in piazza. Vinca il Milan o l'Inter è sempre lo spettatore a pagare lo spettacolo. Quanto ai giocatori, ai vincitori andrà certamente la parte più consistente del bottino, ma anche ai perdenti non mancheranno i premi di consolazione. Fra le oligarchie politiche esiste infatti, checché gridino il contrario, un tacito patto per non portare il gioco alle estreme conseguenze. Non conviene a nessuno. C'è tutta la vasta area del sottogoverno e del parastato che consente di ritagliare le giuste prebende per i perdenti, garantendosi così che alla tornata successiva, a parti invertite, sia ricambiato il favore. Per quanto in competizione per il potere le oligarchie politiche sono unite da un interesse comune che prevale su tutti gli altri: l'interesse di classe. Quella politica, con i suoi adentellati, è in pratica la sola classe rimasta su piazza. Presa nel complesso è una *nomenklatura*, non molto diversa da quella sovietica, il cui obbiettivo primario è l'autoconservazione, il mantenimento del potere e dei vantaggi che vi sono connessi. E il nemico mortale di un oligarca non è tanto un altro oligarca, col quale si può sempre trovare un accordo, perché si fa parte della stessa classe, si partecipa allo stesso gioco, ci si sbertuccia di giorno davanti agli schermi TV e si va a cena la sera, strizzandosi l'occhio, quasi increduli per aver fatto il colpo alla ruota della Fortuna[40], ma è proprio il popolo di cui va vampirizzato e magari, una volta ogni cinque anni, anche pietito il consenso, ma che va tenuto a bada e a debita distanza dagli *arcana* del potere democratico, perché continui a credere, o almeno a fingere di credere, al gioco. Scrive *apertis verbis* un liberale doc, l'americano John Hertz: «Più una organizzazione è democratica "sulla carta", cioè "per legge" o nei suoi intenti, più gli strateghi che sono nelle posizioni chiave ritengono necessario asserire il loro peso, la loro influenza e la propria "indispensabilità" al fine di difendersi dal controllo popolare»[41].

Un oligarca politico non perde mai il suo status. Come nell'*ancien régime* poteva capitare che un nobile si riducesse con le pezze al culo ma non perdeva i propri privilegi di casta, così in democrazia gli appartenenti alle oligarchie politiche possono essere sconfitti e anche uscire

[40] Basta entrare, anche una sola volta, in un salotto romano o parigino per capire che cos'è la classe politica e quali interessi difenda realmente. I suoi.

[41] J. Hertz, *Political Realism and Political Idealism*, University of Chicago Press, 1951, p. 47.

di scena senza perdere i propri privilegi, che non sono, come nel mondo feudale, quelli del sangue ma del denaro. Si sono visti calciatori e cantanti celeberrimi, attori di fama internazionale, artisti e letterati benemeriti della Patria finire nella miseria e nella disperazione, mai un uomo politico. Non bastassero le "pensioni d'oro" gli si trova sempre un cantuccio confortevole e ben remunerato.

Niente di nuovo sotto il sole. La democrazia non è un regime diverso da altri. È solo una delle tante forme, forse la più subdola, che nella Storia ha preso il potere oligarchico. Quelli si erano inventati i diritti del sangue, questi il consenso democratico.

La democrazia liberale rinuncia a priori all'uguaglianza sostanziale, ma è ferma come un macigno sull'uguaglianza formale di tutti i cittadini davanti alla legge. Basterebbe la famosa frase del liberale Giolitti, «le leggi ai nemici si applicano, per gli amici si interpretano», per smontare anche questa favoletta.

Innanzitutto le oligarchie politiche si autotutelano con una serie di guarentigie e di immunità di fronte alla legge penale. Quando ciò non basta c'è il controllo del potere giudiziario. In alcune democrazie il giudiziario dipende formalmente dall'esecutivo, con buona pace di

Montesquieu e del principio della divisione dei poteri, cardine del liberalismo. In altre il controllo avviene in modo più indiretto ma sostanziale. Nei casi estremi, quando i consueti filtri, per qualsiasi ragione, non hanno funzionato, e sotto schiaffo della magistratura c'è qualche boiardo particolarmente importante, le oligarchie non esitano a violare apertamente il principio dell'uguaglianza formale costituendo *ex post* e *propter hoc* immunità o impunità eccezionali, come è avvenuto in Italia con l'onorevole Berlusconi o in Francia col presidente Chirac.

Ma si tratta di vicende limite. Di norma è tacitamente accettato che i membri delle oligarchie godano, di fatto, di un diritto parzialmente diverso da quello che gli altri cittadini sono tenuti a rispettare. Del resto agli oligarchi non interessa un'impunità per tutti i reati, che sarebbe troppo spudorata e non verrebbe tollerata, ma solo per quelli cui sono più esposti. Che non sono i reati di sangue, per i quali non hanno né necessità di tutela né, abituati come sono a vivere di parole, la tempra, l'audacia, il coraggio, né la fosca grandezza che ci vuole per delitti di questo genere, ma sono i reati finanziari, commessi con lo strumento distanziante del denaro, per i quali basta un'astuzia un po' vile coniugata con la forza del ricatto data dal potere.

Né si deve dimenticare che in democrazia le oligarchie, per così dire, legali devono convivere con quelle illegali, mafia e criminalità organizzata. Un potere accentrato, forte, non può tollerare di dividerlo con altri. È significativo che solo il fascismo abbia combattuto seriamente la mafia sin quasi a debellarla. Un potere frammentato, e quindi relativamente debole, deve accettare di condividerlo con qualsiasi gruppo, non importa se criminale, che abbia la capacità di raggiungere un certo livello di organizzazione e di forza. Peraltro la linea che divide le oligarchie legali da quelle criminali è molto sottile. I valori sui quali questi gruppi si tengono insieme e si difendono verso l'esterno sono gli stessi: fedeltà, lealtà, omertà, rispetto dei rapporti gerarchici. E anche i metodi sono in parte coincidenti. La tangente politica non è che un "pizzo", anche se la sanzione dello sgarro non è il sangue ma la perdita del lavoro. La democrazia, nella sostanza, è un sistema di mafie, alcune con attività principalmente legali, altre con attività principalmente criminali. Diciamo che per le oligarchie politiche le attività criminali sono una conseguenza e un sostegno di quelle legali, per le oligarchie di tipo mafioso vale l'inverso: le attività legali sono una conseguenza, un sostegno e una copertura di quelle criminali.

Questa convivenza crea un intreccio di rapporti inconfessati e inconfessabili fra oligarchie politiche e criminali, dove le prime, che pur rappresentano in qualche modo lo Stato di cui si sono impadronite, hanno tutto l'interesse a garantire una certa misura di impunità alle attività illegali delle seconde e a coprirle, perché da esse non si risalga alle proprie. Di una certa immunità godono anche le oligarchie economiche, sia perché molte delle loro attività illegali si svolgono in concorso con quelle politiche, sia perché devono combinarle davvero grosse (tipo *Enron* o *Parmalat*) perché siano perseguite. Enrico Cuccia, che se ne intendeva, affermava di non aver mai visto in vita sua, che, com'è noto, fu lunghissima, un bilancio che non fosse falso. E il falso in bilancio è un reato, regolarmente impunito[42], contro la fede pubblica, le cui conseguenze ricadono puntualmente sulla testa dei

[42] In Italia il falso in bilancio è stato addirittura depenalizzato. Agli inizi del Novecento Werner Sombart scriveva: «Affinché l'imprenditore non dovesse andare contro la legge, il legislatore moderno creò uno spazio così ampio per la libera espressione dello spirito capitalista, che questo non avvertì neppure il bisogno di valicare i confini che quelle poche leggi avevano posto» (W. Sombart, *Il capitalismo moderno*, Torino, Utet, 1978, p. 524). Ma nemmeno questi margini estremamente laschi bastano più, a quanto pare, agli imprenditori delle moderne democrazie industriali. Il denaro finanziario consente ed occulta ogni sorta di truffa. Enron e Parmalat hanno solo esagerato un po'. Inoltre nella moderna economia democratica l'imprenditore non rischia più denaro suo ma, attraverso l'intermediazione delle banche, quello dei risparmiatori. Cioè i poveri prestano denaro ai ricchi perché possano diventare sempre più ricchi o, quando le cose si mettono male, li derubino dei loro risparmi. Geniale.

risparmiatori, i fessi istituzionali del gran gioco del denaro (quelli che non hanno capito che bisogna far debiti e non avere crediti) e la base, economica e psicologica, dell'intero sistema liberaldemocratico.

Poi vi sono amnistie, condoni, indulti, grazie per regolare il traffico a favore delle oligarchie (l'amnistia del 1988, in Italia, mise al sicuro contemporaneamente alcuni dirigenti dell'ex Partito comunista e Berlusconi) anche se la ramazza di salvataggio, dovendo raschiare nel mucchio per non dare troppo nell'occhio, raccatta pure qualche cittadino non per nulla detto comune per il quale di regola, vige invece il rigore della legge, se vi incappa, anche per vicende minime.

Il regime delle impunità sostanziali può saltare solo nel caso di una rottura del sistema, come avvenne in Italia nei primi anni Novanta, quando, in seguito all'onda lunga di eventi internazionali eccezionali, ampi settori delle oligarchie, politiche, economiche e mafiose, furono messi sotto processo. Ma, passata la buriana, sono bastati pochissimi anni perché le oligarchie riprendessero il pieno controllo della situazione e, grazie anche a un formidabile dispiegamento dei mezzi di comunicazione di massa e di intellettuali al loro servizio, si convincessero i cittadini che era giusto derubarli e taglieggiarli («i costi della politica») e che i veri criminali non erano i ladri ma i magistrati. Sicché è stato chiamato "golpe giudiziario", cioè colpo di Stato, quello che era semplicemente il richiamo al basilare principio democratico che vuole che la legge, almeno quella, sia uguale per tutti.

La democrazia è un metodo, una serie di regole e di procedure per determinare, attraverso elezioni rette dal criterio di maggioranza, chi devono essere i governanti cui spetta prendere decisioni valide per l'intera collettività. Su questa definizione formale della democrazia convergono tutti gli studiosi contemporanei delle dottrine politiche, da Kelsen a Schumpeter a von Hayek a Popper a Bobbio. La democrazia è quindi un contenitore privo, in sé, di contenuti che vengono determinati di volta in volta dai governanti legittimamente eletti. «Il peggior abuso che si possa fare della definizione di democrazia» scrive von Hayek «è di non applicarla a una procedura per giungere all'accordo su un'azione comune, ma darle un contenuto sostanziale che prescriva quali debbono essere i fini di questa attività»[43]. Poiché non ha contenuti, fini, valori in sé, nemmeno quelli della libertà o dell'uguaglianza, preoccupandosi solo

[43] F.A. von Hayek, *Legge, legislazione e libertà*, Milano, Il Saggiatore, 1986, p. 511.

che il maggior numero di cittadini partecipi alle decisioni collettive, il rispetto delle procedure diventa per la liberaldemocrazia fondamentale. È tutto ciò che, sfronda di qua e sfronda di là, le resta: «Il rispetto delle regole formali» scrive Raimondo De Capua riassumendo il dibattito novecentesco su questo punto «costituisce il tratto distintivo della democrazia... l'inosservanza dei requisiti formali, cioè delle "regole del gioco", costituisce, sicuramente, la connotazione di regimi non democratici»[44].

Su quali debbano essere queste "regole del gioco" gli studiosi non concordano e c'è una gran confusione (lo stesso Bobbio ne indica a volte tre, altre sei, altre ancora nove), quel che è certo è che ci devono essere e che devono essere predeterminate. Ogni Costituzione democratica predetermina le sue.

Naturalmente, nel tempo, queste regole possono essere cambiate, ma sempre seguendo le procedure formali e costituzionali vigenti in quel momento. Le regole cioè non possono essere cambiate "in corso d'opera". Altrimenti si precipita nell'arbitrio e crolla tutta l'impalcatura liberaldemocratica. Il rispetto delle procedure è "l'ultima Thule" della democrazia, senza non c'è democrazia. Nemmeno quella pal-

[44] R. De Capua, *Hans Kelsen e il problema della democrazia*, Roma, Carocci, 2003, p. 87.

lida ombra cui, di *fictio iuris* in *fictio iuris*, si è ridotta.

Ma le oligarchie sono riuscite a sfondare anche questo muro del suono. «Altro è la costituzione formale – scrive Norberto Bobbio – altro è la costituzione reale e materiale»[45]. Che cos'è questa "costituzione materiale" che salta fuori improvvisamente, dopo tanto parlare di leggi, di norme, di procedure, di "regole del gioco" sacre e inviolabili? La "costituzione materiale" è quella che le oligarchie si creano violando giorno dopo giorno la Costituzione formale, cioè proprio le famose "regole del gioco". E quando si viola la Costituzione formale per sostituirla con una "fai da te", creata dalle oligarchie senza il consenso dei cittadini, senza che nemmeno siano stati messi nella condizione di esprimerlo, ponendoli di fronte al fatto compiuto, la democrazia non è più democrazia. È una frode[46]. Conferma lo stesso Bobbio: «La demo-

[45] Bobbio, *Il futuro della democrazia*, cit., p. 148.

[46] L'articolo 11 della Costituzione italiana recita: «L'Italia ripudia la guerra come strumento di offesa della libertà degli altri popoli e come mezzo di risoluzione delle controversie internazionali». Eppure, in questi anni, l'Italia ha mosso guerra alla Jugoslavia e all'Iraq (guerre d'offesa perché non era stata minimamente provocata o minacciata da questi due Paesi) senza che la Costituzione sia stata cambiata. Dove sta il trucco? Fare la guerra senza dichiararla, in modo da bypassare la Costituzione, impedendo ai cittadini qualsiasi forma di controllo. Più in generale le Democrazie, violando ogni Carta, nazionale e internazionale, stanno affermando un loro diritto, mai riconosciuto da

crazia è il governo delle leggi per eccellenza. Nel momento in cui un regime democratico perde di vista questo suo principio ispiratore si rovescia rapidamente nel suo contrario, in una delle tante forme di governo autocratico»[47].

Che cosa rimane, allora, alla fine di tutto, della democrazia? Rimane lo stanco rito delle elezioni, ripetute ogni quattro o cinque anni, dove ci vengono imposti dei candidati che non scegliamo e rappresentanti che non ci rappresentano. Scrive Kelsen: «Si potrebbe credere che la particolare funzione dell'ideologia democratica sia quella di mantenere l'illusione della libertà»[48] e si chiede «come una tale straordinaria scissione fra ideologia e realtà sia possibile a lungo andare»[49]. Ce lo chiediamo anche noi.

Ma le elezioni non hanno la funzione di eleggere rappresentanti scelti altrove. Ne hanno altre, ben più importanti. La prima è di legittimare il potere delle oligarchie, perpetuandolo[50]. È

alcuno, di ingerenza militare negli affari interni di Stati sovrani col grimaldello, di nuovissimo conio, dei "diritti umani" che consente ogni sorta di arbitrio, di violenza e di aggressione e serve a legittimare per sé ciò che invece si è dichiarato proibito agli altri, la guerra, così proibito che si muove guerra ai popoli estranei all'area democratica che osano farsela per conto proprio (interventi in Bosnia, in Somalia, in Jugoslavia).

47 Bobbio, *Il futuro della democrazia*, cit., p. 193.

48 H. Kelsen, *Sociologia della democrazia*, Est, Milano, Il Saggiatore, 1991, p. 33.

49 *Ibid.*

50 È significativo che gli americani quando occupano un

la stessa funzione che, nel Medioevo, aveva l'unzione del re, per consacrarlo e quindi legittimarlo[51].

La seconda è quella di apparecchiare un apparente ricambio delle classi dirigenti con metodi pacifici e di garantire così la pace sociale. C'è infatti un unico aspetto in cui la democrazia "reale", la democrazia delle oligarchie, è coerente con le premesse di quella ideale: il rifiuto della violenza come metodo per comporre i conflitti politici, sociali e individuali. Tanto che Kelsen finisce per affermare che lo scopo ultimo, vero, della democrazia non è né la libertà né l'uguaglianza ma la pace interna. Questo obbiettivo viene raggiunto mediante le elezioni, per quel che riguarda la competizione politica, e il rigore della legge per i conflitti privati.

Se le oligarchie democratiche non fanno uso

Paese, cosa che di questi tempi gli capita piuttosto spesso, si precipitino a imporre elezioni "democratiche", nonostante sia evidente che in quelle situazioni e in quei contesti non hanno alcun senso. Servono però per legittimare la loro presa di possesso. Il ministro della Difesa, Donald Ramsfeld, ha dichiarato che quando in Iraq sarà costituito il nuovo governo, legittimato dalle elezioni, quelle americane non saranno più truppe di occupazione ma di liberazione. Un raffinamento rispetto ai metodi della vecchia, cara Unione Sovietica. L'URSS quando voleva occupare uno Stato dell'Est europeo si faceva chiamare dai governi dei "Paesi fratelli". Gli Stati Uniti prima occupano, poi fanno legittimare il fatto compiuto da governi creati da loro *ex post* e *ad hoc*. Con libere elezioni, naturalmente.

[51] M. Bloch, *I re taumaturghi*, Torino, Einaudi, 1973, pp. 44-62.

della forza bruta per esercitare il potere è perché non ne hanno alcun bisogno. Hanno infatti il monopolio della violenza legale, attraverso lo Stato che hanno arbitrariamente occupato. È quindi tutto loro interesse che la situazione resti pacifica in modo da non turbare il sereno godimento dei loro privilegi.

Di fronte agli abusi e ai soprusi delle oligarchie (fra i più consueti c'è di favorire, in ogni settore e modo, i propri adepti a danno degli altri, premiando la fedeltà di gruppo sul merito) il cittadino singolo è inerme. Non può ricorrere alla violenza – ha le mani legate dalla legge – ed è solo. È la prima volta che l'individuo si trova in una situazione di così totale impotenza di fronte alle oligarchie. In epoca premoderna e predemocratica ognuno faceva parte naturalmente di un gruppo, della famiglia allargata, di un clan, di un ordine, di una corporazione, di una comunità, che costituivano un qualche deterrente, argine e difesa contro gli abusi e i soprusi dei vari poteri, legittimi e arbitrari. In quei tempi il monopolio della violenza da parte dello Stato non era ancora assoluto, il diritto era largamente consuetudinario (la codificazione, la regolamentazione della vita dell'individuo in ogni suo aspetto è un'ossessione borghese e democratica) ed esistevano ampi margini di legittima autodifesa privata che era tanto più efficace perché l'individuo non era isolato (è in questo senso, credo, che Tocqueville parla d'una «libertà che permetteva quasi di sfidare tanto la legge quanto l'arbitrio»[52]). Anche il nobile sapeva di non poter superare certi limiti col suo contadino (tantomeno con quello altrui), col quale viveva, oltretutto, a contatto di gomito (in fondo nei *Promessi Sposi* Don Rodrigo finisce col perdere la partita).

In democrazia invece il cittadino *single*, imbrigliato dalle leggi, reso inoffensivo, e isolato, è completamente senza difese di fronte alle prepotenze delle oligarchie, che non si sostanziano più – a meno che non si tratti di organizzazioni criminali – nella violenza o nella minaccia fisica, ma agiscono sul vasto terreno, non legale ma nemmeno apertamente illegale, e quindi inafferrabile e non contrastabile, dell'abuso e del sopruso, mantenendolo in una condizione di perenne inferiorità, paria invece che pari.

E così la democrazia realizza il suo estremo paradosso. Nata nel solco del pensiero liberale, inteso a difendere i "diritti naturali" dell'individuo, a valorizzarne capacità, meriti, potenzialità, finisce per mortificare proprio il singolo, l'uomo libero, che rifiuta appartenenze feudali, colui che sarebbe il cittadino ideale di una democrazia, se esistesse davvero, e che ne diventa invece la vittima designata.

[52] Tocqueville, *L'Antico regime e la Rivoluzione*, cit., p. 157.

Ma mentre conculca la libertà del singolo, facendogli credere che ne ha più di quanta ne abbia mai avuta in passato solo perché può scegliere fra diverse marche di frigorifero, la democrazia non realizza nemmeno la volontà della maggioranza. Fra l'una e l'altra si inseriscono le oligarchie, le vere detentrici del potere, annullandole entrambe. Non siamo che sudditi[53].

La democrazia contribuisce ad opprimere l'individuo anche per un altro aspetto, più indiretto ma sostanziale. La liberaldemocrazia, lo abbiamo detto, non è, in sé, un sistema totalitario – è solo un regime oppressivo come altri – però si è rivelata, più dell'inefficiente marxi-

[53] «... schiavi di coloro cui faremmo paura sol che la Repubblica esistesse davvero» come dice, in un discorso reso famoso da Sallustio (*La congiura di Catilina*, XX), Lucio Sergio Catilina, prima e singolare figura di rivoluzionario-reazionario, in una Roma così simile alla nostra società, totalmente materialista, dove vigeva la viscida e truffaldina pratica della "doppia morale", una pubblica, buona per i gonzi che ci vogliono credere o per coloro che, per un proprio rigore, non se la sentono di tradire il patto di lealtà con i propri concittadini, l'altra privata, e del tutto diversa, per lorsignori, e dove, svuotate di ogni contenuto le istituzioni repubblicane, «il governo della Repubblica è caduto nel pieno arbitrio di pochi prepotenti» che hanno tolto al popolo ogni libertà e dignità. Ma non sarà certo Cesare, capo del cosiddetto partito democratico, a cercare di restituirgliele e nemmeno il "pio Augusto" che inaugurerà l'inganno, poi divenuto prassi di ogni sistema oligarchico che non abbia il coraggio di presentarsi come tale, di governare *in nome* del popolo a favore dei maggiorenti, ma gli imperatori Caligola e, soprattutto, Nerone, non a caso stramaledetti nei secoli e considerati, naturalmente, pazzi.

smo, più dei fascismi, il contenitore ideale, il più adatto, del più totalizzante sistema produttivo che si sia mai dato e in cui oggi viviamo. Sartori definisce il totalitarismo «la distruzione di tutto ciò che è spontaneo, indipendente, differenziato e autonomo nella vita della collettività»[54]. L'industrialismo, vestito di democrazia, tutto appiattisce e omologa, tutto razionalizza, materializza e quantifica in funzione della ragione economica, tutto assorbe in sé, anche gli antagonismi e gli antagonisti più recalcitranti, riprogrammandosi continuamente, con una capacità camaleontica e mimetica straordinaria, così simile al sistema istituzionale che lo riveste.

In questo appiattimento naufraga la nostra identità. Anche perché nella società premoderna e predemocratica l'uomo di ieri trovava proprio nei legami e nei limiti in cui era circoscritto la propria individualità e soggettività, quello di oggi, democraticamente sciolto da quei vincoli, tecnologicamente svincolato da quei limiti territoriali e riversato nel mondo globale, perde ogni punto di riferimento. È anonimo e solo. Ma non per questo è più libero e padrone del proprio destino. Notava già nel lontano 1959 il sociologo americano Wright Mills ne *La élite del potere* parlando della condizione dei cittadini comuni in democrazia: «Si rendono conto

[54] Sartori, *Democrazia e definizioni*, cit., p. 118.

di vivere in un'epoca di grandi decisioni, ma nessuna decisione dipende da loro»[55]. Ed effettivamente decisioni, politiche, economiche, tecnologiche, scientifiche che hanno un peso determinante sulla nostra vita sono prese in luoghi, istituzionali, concettuali, geografici, lontanissimi da noi, in qualche punto indefinito della globalizzazione, fuori da ogni nostro controllo.

Ma questa è la ragione più superficiale della nostra mancanza di libertà. Se fosse solo una questione di multinazionali, di un "trust" di «cervelli» che guida la baraonda, di una qualche Trilateral o "Spectre", le cose sarebbero più semplici. Ma il fatto è che l'uomo moderno, nato col liberalismo, l'individualismo, la democrazia, è divenuto ostaggio del meccanismo, industriale, tecnologico, produttivo ed economico, che lui stesso ha creato e che è sfuggito di mano agli stessi apprendisti stregoni che pretendono di governarlo. Un meccanismo che si autoregola esclusivamente in funzione della propria crescita, indifferente alla condizione umana. Non sono le oligarchie, nazionali e internazionali, politiche ed economiche, a guidarlo, queste sono solo i profittatori di giornata e le mosche cocchiere di una carrozza che va per conto suo.

[55] C.W. Mills, *La élite del potere*, Milano, Feltrinelli, 1959, p. 11.

L'individualismo liberaldemocratico ha finito dunque per produrre un sistema che, in un sovrapporsi di motivi, si è rivolto proprio contro l'individuo. Lo stesso individualismo si è sviluppato in un modo molto diverso da quello che immaginava Tocqueville quando osservava, con i suoi occhi curiosi, da grande giornalista, l'America nascente, l'America dei primi decenni dell'Ottocento: «L'individualismo dispone ogni individuo a isolarsi dalla massa dei suoi simili, a mettersi da parte con la sua famiglia e i suoi amici in modo che, dopo essersi creato una piccola società per proprio uso, abbandona volentieri la grande società a se stessa»[56].

Tocqueville si preoccupava di questa possibilità perché concepiva, giustamente, la democrazia come partecipazione. Le cose sono andate in direzione opposta. L'uomo non si è isolato dalla massa, vi è entrato dentro interamente. Ma non per partecipare alla società, bensì per subirla nel modo più miserevole. L'uomo non è mai stato così condizionato, fin nelle ultime fibre, come nell'odierna società democratica di massa, di cui fa parte come semplice ingranaggio dell'onnipotente meccanismo che la sovrasta, fungibile e sostituibile come gli oggetti che produce, senza valore, senza identità, senza dignità e senza onore. L'*homo*

[56] Tocqueville, *La democrazia in America*, cit., p. 515.

democraticus è massificato senza far parte di una comunità, è *single* senza essere individuo, è solo senza essere libero.

E va bene, la democrazia non sarà la democrazia, assomiglia anzi pericolosamente al suo contrario, però è l'unico regime in cui il cittadino ha perlomeno il diritto e la soddisfazione di poter esprimere le proprie idee, quali che siano, purché rinunci a farle valere con la violenza.

Anche questo è vero fino a un certo punto. Alcune idee, per esempio quelle fasciste, naziste, xenofobe, antisemite, totalitarie e, in alcune democrazie, comuniste, sono reato anche se ci si limita a esprimerle o ci si organizza per farlo. Com'è reato, o è colpito da un interdetto sociale così violento da equivalere a una proibizione, fare del "revisionismo" su alcuni eventi storici fondanti della legittimità e della superiorità delle Democrazie uscite vittoriose dalla seconda guerra mondiale. Il che, oltre che una violenza, è un nonsenso. La Storia, ha scritto Benedetto Croce, consiste essenzialmente nel guardare il passato con gli occhi del presente e quindi «ogni storia è storia contemporanea»[57]. La Storia è, di per sé, *revisionista*. Ogni generazione

[57] B. Croce, *La storia come pensiero e come azione*, Bari, Laterza, 1938, p. 5.

guarda e ha il diritto di guardare ai fatti del passato con i propri occhi e di darne la propria interpretazione. E anche questa profonda ostilità, se non peggio, verso il "revisionismo storico" è un segno del delirio della democrazia di voler fermare la Storia a se stessa.

In realtà, se si va a ben vedere, la democrazia accetta solo le idee che stanno all'interno dell'ideologia e dello schema mentale democratici. In questo non si differenzia sostanzialmente da altri regimi semiautoritari. Per esempio da una teocrazia di tipo islamico. Sono stato al Parlamento di Teheran, all'epoca di Khomeini, e ho assistito a dibattiti molto accesi fra posizioni nettamente contrapposte. Ogni idea vi era ammessa purché rispettasse la regola-base della teocrazia secondo cui il potere politico è sottomesso a quello religioso, o vi coincide, e la legge alle norme del Corano.

La democrazia non si comporta sostanzialmente in modo diverso: accetta ogni idea purché non sia antidemocratica e non la metta quindi in discussione radicale. La convinzione dei teorici della democrazia è che tale regime possa essere riformato e perfezionato ma non abbia alternative. Né ora né mai. Popper, in particolare, sostiene quello che chiama un *piecemeal social engineering*, cioè un "riformismo a spizzico", a piccoli passi, proprio perché ritiene inaccettabile un cambiamento radicale, una crasi violenta[58]. Popper la chiama "società aperta", in realtà è una società chiusa, esattamente come tutte le altre, perché ipotizza proprio quel "po-

[58] K. Popper, *La società aperta e i suoi nemici*, Roma, Armando, 1996, p. 20. Popper afferma, giustamente, che non ci sono "leggi della Storia", che non esiste un finalismo storico, che la Storia non ha un fine verso cui necessariamente si dirigerebbe. Ma poi, ipotizzando una "democrazia permanente" (che ricorda molto la "rivoluzione permanente" di Trotzkij contrapposta alla "rivoluzione in un solo Paese" del più pragmatico Stalin) e non superabile, ricade a sua volta in una sorta di storicismo: lo scopo cui deve tendere l'umanità intera è, appunto, la democrazia.

Popper dà per certe e scontate troppe cose. Che la ragione si identifichi con la democrazia. Ma la ragione è esistita anche prima dell'Illuminismo e quindi della democrazia. C'è stata una ragione greca, infinitamente più profonda e sapiente di quella illuminista, ma i Greci non furono democratici. C'è stato il pragmatismo, il materialismo e il razionalismo dei Romani, ma nemmeno i Romani sono stati democratici. C'è stata la ragione rinascimentale, di Leonardo e degli altri, ma nemmeno il Rinascimento è stato democratico. Non si può bollare l'intera Storia umana che ha preceduto il pensiero liberaldemocratico come un irrazionalismo o un ottuso totalitarismo. Popper mi sembra un "alter ego" liberale di Lukács se non addirittura di Zdanov. In realtà è stato proprio l'Illuminismo assolutizzando la Ragione a farne una divinità e a creare quindi le premesse per una nuova forma di totalitarismo e di irrazionalismo.

Popper scioglie la dicotomia *Libertà/Autorità* in modo troppo semplicistico a favore della prima. Se la preferenza degli uomini per la Libertà fosse così universale e assoluta, come pensano Popper, Fukuyama e tutti gli altri, non si capirebbe perché per secoli e millenni si siano sottomessi e ancora si sottomettano all'Autorità. Evidentemente anche l'Autorità ha le sue ragioni: libera dal peso, spesso intollerabile, della responsabilità e della scelta come ha spiegato Dostoevskij nelle memorabili pagine dell'apologo de *Il Grande Inquisitore* ne *I fratelli Karamazov*. Se si è dalla parte della Libertà bisogna perlomeno essere consapevoli di che cosa si perde dall'altra e «di che lacrime grondi e di

tere senza fine" di un regime politico che, secondo lo stesso Popper, caratterizza i sistemi autoritari.

Nata da rivoluzioni violente (inglese, francese, americana), che hanno abbattuto i vecchi regimi spargendo fiumi di sangue, la democrazia, ora che è essa stessa egemone, rifiuta, anche concettualmente, che le possa essere resa la pariglia e dichiara inammissibili, inaccettabili, "terroristiche" le rivoluzioni. Si autopropone come sistema definitivo o, per tornare da dove eravamo partiti, come "fine della Storia".

che sangue» questa scelta. Ad ogni modo non c'è nulla di peggio di un autoritarismo che si presenti sotto la forma della libertà, qual è la democrazia, almeno quella realizzata, perché non ha i vantaggi né della Libertà né dell'Autorità, ma il peso di entrambe.

A parziale scusante di Popper c'è che scrisse *La società aperta e i suoi nemici* nella prima metà degli anni quaranta quando le democrazie erano insidiate, dall'esterno e all'interno, dai totalitarismi, fascista, nazista, comunista. Ma sconfitti i suoi nemici e divenuta egemone in Occidente la democrazia si è rivelata a sua volta, almeno a livello planetario, un totalitarismo, tanto più pericoloso perché inconsapevole di esserlo, con propensioni addirittura religiose e messianiche nella dottrina di George W. Bush. Un messianesimo per nulla diverso, nell'essenza, da quello marxista, tante volte messo sotto accusa, e alla berlina, dai liberaldemocratici e dallo stesso Popper. E a dir la verità, raramente ci è capitato di imbatterci in un pensiero così chiuso e totalitario come quello dell'autore della *Società aperta*, massimo guru della liberaldemocrazia.

Seconda parte

Il cosmo è un palcoscenico e la vita è un passaggio sulla scena di questo palco: entri, guardi ed esci. Il cosmo è mutamento, la vita è opinione che si adegua.

DEMOCRITO, fr. 115

La fine di una storia

L'idea di progresso, così come modernamente la intendiamo, era estranea alle culture classiche, greca e latina, e alle antiche civiltà orientali e mediorientali. Esse vivevano soprattutto nel presente, erano sostanzialmente *astoriche*. Fu il pensiero giudaico-cristiano a introdurre un elemento del tutto nuovo postulando un fine verso cui si dirigerebbe l'intero processo storico: l'attuazione del disegno di Dio attraverso la vicenda umana. Nasceva così la concezione teleologica della Storia. Questa teleologia fu ripresa in chiave non più religiosa ma mondana, epperò ancora più ottimistica, dall'Illuminismo. «La Storia – scrive Carr – fu concepita sotto forma di evoluzione progressiva avente per fine la migliore condizione possibile dell'uomo sulla terra»[1]. Hegel e Marx precisarono il fine e i mezzi

[1] E.H. Carr, *Sei lezioni sulla Storia*, Torino, Einaudi, 1967, p. 118.

per raggiungerla. Il fine era, per entrambi, la realizzazione della libertà, il mezzo era lo Stato moderno per Hegel, la società senza classi per Marx. Per i liberaldemocratici di oggi, che fanno coincidere scopo e mezzi, il fine, e la fine, della Storia è la democrazia.

È sorprendente che una simile visione fideistica e messianica della democrazia si sia affermata in un'epoca come la nostra, in cui anche una "scienza esatta" come la fisica è stata costretta ad ammettere che non ci sono certezze assolute né verità oggettive e che la conoscenza di ogni fenomeno dipende dal punto di vista e dalla posizione dell'osservatore[2] (ma già Nietzsche – e dopo di lui l'empiriocriticismo di Mach e Avenarius – aveva avvertito che non esiste la realtà ma solo le sue interpretazioni).

Il pensiero che la Storia finirà semplicemente perché l'uomo si è dato un certo assetto politico e sociale è innanzitutto ridicolo e infantile proprio alla luce della Storia. Quasi tutti i regimi politici hanno pensato di sé più o meno negli stessi termini. Sembra rendersene conto persino Fukuyama quando scrive: «Anche altre epoche, meno riflessive della nostra, hanno pensato di essere le migliori»[3]. Poi però aggiunge: «Ma noi siamo arrivati a questa stessa conclusione stan-

[2] P. Davies, *Dio e la nuova fisica*, Milano, Mondadori, 1994.
[3] Fukuyama, *La fine della Storia*, cit., p. 68.

chi, per così dire, dell'aver cercato alternative che secondo noi *dovevano* essere migliori della democrazia liberale»[4].

Anche la democrazia liberale, nonostante i deliri di immortalità dei suoi ultrà, farà la fine di tutte le costruzioni umane, che sono per loro natura caduche. In particolare quelle politiche che si sono dimostrate assai più fragili e transeunti delle religiose, proprio perché, a differenza di queste, devono misurarsi con la dura realtà e non con la metafisica. Scriveva, nel 1684, Lord Halifax, uno dei padri del parlamentarismo: «Niente di più certo del fatto che tutte le istituzioni umane cambieranno e con esse le così dette basi del governo. Il diritto divino del re, i diritti irrevocabili della proprietà o delle persone, le leggi che non possono essere revocate e modificate, non sono che espedienti per vincolare il futuro»[5]. Ma il futuro non è ipotecabile. Perché mai proprio la democrazia, che, in termini storici, è appena una neonata sulla cui solidità nulla si può ancora dire, dovrebbe avere una sorte diversa ed essere il siste-

[4] *Ibid.* L'ingenuità di questo Fukuyama è quasi commovente. Mi ricorda un mio amichetto d'infanzia che, una volta che, tredicenni, assistevamo alla messa, mi disse: «Lo sai che ci sono anche tante altre religioni oltre la nostra e che ognuna crede di essere l'unica vera? Pensa come siamo stati fortunati noi a nascere in quella davvero vera».

[5] G.H. Sabine, *Storia delle dottrine politiche*, Milano, Etas Libri, 1998, p. 398.

ma definitivo? Il corso del tempo ha visto sfilare, per restare alle vicende a noi più vicine, le comunità tribali, gli antichi Imperi mesopotamici, la polis greca, la Roma repubblicana e imperiale, il feudalesimo, la monarchia assoluta e quella parlamentare. Alcune di queste forme di organizzazione umana sono durate migliaia di anni e sembravano indistruttibili. Ma l'ultima venuta ha la presunzione di aver detto la parola fine.

L'idea che la democrazia rappresenti il fine e la fine della Storia non è solo infantile e ingenua. È paranoica. La "fine della Storia" sarebbe la storia della fine, la morte dell'uomo, un Eden cimiteriale. Con buona pace dei liberaldemocratici anche la democrazia andrà, prima o poi, nella pattumiera della Storia che finirà solo quando anche l'ultimo uomo sarà scomparso dalla faccia della terra.

Ma anche chi in Occidente non delira alla maniera dei Fukuyama, dei Bush e dei loro infiniti compari e, uscendo dall'ottimismo storicista[6], non crede che ci siano "leggi della Storia" e che la Storia abbia un fine – che è la posizione, tra gli altri, di Popper[7] – ritiene però che la

[6] Esiste anche uno storicismo "a contrario", negativo, pessimista, che non ha né peggiori né migliori ragioni di quello ottimista, come, per esempio, in Eraclito che pensava che il destino del genere umano fosse di degenerare nel tempo.

[7] K. Popper, *Miseria dello storicismo*, Milano, Feltrinelli, 2002.

democrazia sia comunque «il migliore dei sistemi possibili» o quantomeno, il migliore di quelli «finora conosciuti». Ma questo non è sostenibile, né storicamente né concettualmente. Se si ammette, come Popper, che la Storia non abbia un fine e che non esistano leggi ineluttabili che vanno nella direzione di un costante miglioramento della condizione umana, non c'è nessuna garanzia di un progresso lineare e nulla vieta che ciò che ai nostri occhi di occidentali, alla inesausta ricerca del meglio, appare come un'evoluzione sia invece il suo contrario. E proprio la tanta decantata democrazia liberale ne è una dimostrazione e un esempio.

Se guardiamo le cose oggettivamente, senza farci abbacinare da nobili e astratti principi, scopriamo che nel rapporto governanti-governati la liberaldemocrazia, rispetto, poniamo, alla monarchia assoluta, ha peggiorato la situazione proprio di quel popolo cui pur ha conferito formalmente la titolarità del potere. Perché può anche capitare che il re per diritto divino o semidivino, proprio perché ha il posto, per così dire, assicurato, prenda le difese del popolo contro le aristocrazie e le oligarchie che lo opprimono, come fecero i Tudor e gli Stuart che per un secolo e mezzo si opposero a quei grandi proprietari terrieri che, fiutando nell'aria l'incipiente capitalismo, volevano recintare i propri terreni rompendo il regime dei campi aperti (*open fields*) su cui si reggeva il delicato equilibrio del mondo agricolo, salvando così milioni di contadini dalla miseria e dalla fame in cui precipitarono immediatamente, divenendo carne da macello pronta per le fabbriche, appena la rivoluzione parlamentare di Cromwell, preannuncio della democrazia, diede il via libera alle *enclosures*[8].

Le oligarchie democratiche invece, proprio perché in perenne e feroce competizione fra di loro per il mantenimento del potere, sono costrette a pensare innanzitutto se non esclusivamente a se stesse, alla propria sopravvivenza. E il loro nemico principale, come si è visto, è proprio il popolo[9].

Inoltre – anche se questo è un prodotto più della modernità che della democrazia che le è comunque ancella – Bernard de Jouvenel, nel suo fondamentale studio *Del potere*, osserva «come il passaggio dalla monarchia alla democrazia sia stato accompagnato da uno sviluppo prodigioso degli strumenti coercitivi»[10].

È tuttavia vero che in Occidente la liberalde-

[8] Non è certamente casuale che in quel primo parlamento inglese, padre putativo e vanto della moderna democrazia, fossero rappresentati i grandi mercanti e i banchieri di Londra, l'aristocrazia terriera, gli *yeomen*, cioè i ricchi, mentre artigiani e contadini, la stragrande maggioranza della popolazione, ne restarono fuori.

[9] Cfr. p. 83.

[10] de Jouvenel, *Del potere*, cit., p. 33.

mocrazia non ha, al momento, alternative credibili. Quelle che sono state ipotizzate non sono infatti realisticamente praticabili. Esaminiamone due che stanno ai poli opposti, perché l'una vorrebbe recuperare la sovranità popolare, l'altra i diritti individuali, entrambi lesi, o addirittura negati, dalla "democrazia reale".

La cosa più seria sarebbe recuperare la democrazia diretta, che era stata immaginata da Rousseau e praticata, prima delle sue teorizzazioni, dalla comunità di villaggio nel Medioevo europeo. È la sola condizione perché la gente torni a governarsi da sé e a decidere, nei limiti della condizione umana, il proprio destino, senza ricorrere alla truffa della rappresentanza che innesca poi tutte le altre. Una democrazia diretta che, rispetto al radicalismo di Rousseau, temperi il potere della maggioranza, proprio secondo i migliori dettami del pensiero liberaldemocratico, in modo che la mitica "volontà generale" e la bizzarra pretesa che un popolo abbia un destino, che un falso unanimismo o individui più dotati di altri sarebbero in grado di interpretare, non diventino ancora una volta un'altra forma di totalitarismo.

Il computer e Internet, con la loro immediatezza, con la possibilità di intervenire "in tempo reale", renderebbero praticabile, secondo alcuni, la democrazia diretta anche in uno Stato moderno o addirittura nel Superstato mondiale che si profila all'orizzonte della globalizzazione economica.

Sono pie illusioni. Democrazia diretta non significa solo decidere tutti insieme, ma avere consapevolezza di ciò che si decide e conoscenza della materia su cui si decide, come le aveva il contadino della comunità di villaggio grazie al campo ristretto su cui si muoveva.

In una società vasta, complessa e astratta come la nostra il cittadino è chiamato a decidere su cose che non conosce e quindi, anche se, per ipotesi, potesse votare direttamente, perché il suo voto abbia un senso e un valore dovrebbe affidarsi a dei mediatori e cioè, nella nostra società, ai mezzi di comunicazione di massa che sono in mano alle oligarchie e saremmo daccapo. Inoltre in uno Stato moderno le decisioni da prendere sono infinite e il cittadino non avrebbe tempo per seguirle tutte. C'è bisogno dei "professionisti della politica". La democrazia rappresentativa si è affermata proprio per l'impossibilità pratica di esercitare quella diretta. Che può esistere solo in uno spazio molto limitato e circoscritto. Ma l'attuale modello di sviluppo va in una direzione diametralmente opposta, verso dimensioni sempre più globali dove la democrazia diretta, Internet o no, è impossibile (o si risolverebbe in un'ennesima finzione) e le decisioni saranno sempre più mediate.

Lo stesso discorso, più o meno, vale per l'ipotesi dei *Libertarians*. I *Libertarians* americani sono dei liberali, sostenitori arciconvinti del modello industriale e del mercato. Il loro attacco non è portato direttamente alla democrazia ma allo Stato liberaldemocratico. Nostalgici di un liberalismo "puro" (quello di Locke e, in America, di Jefferson) accusano quello realizzato di reprimere di fatto i "diritti naturali" dell'individuo, mortificato nella propria libertà e vitalità da una legislazione soffocante e da una tassazione vessatoria[11]. Sono quindi per un recupero dell'individualismo originario che arriva

[11] C. Lottieri, *Il pensiero libertario contemporaneo*, Macerata, Liberilibri, 2001. È stato calcolato che nei moderni Paesi industriali chi paga regolarmente le tasse lavora per il fisco, se si comprendono anche quelle indirette, fino ad agosto compreso. Chi lavora onestamente non può diventare ricco: perde troppo tempo a lavorare. Quando poi è vecchio, e si accorge della truffa, è troppo stanco e fragile per avere la forza di protestare e si fa seppellire con una pensione da quattro soldi.

Nella società europea preindustriale la decima ecclesiastica non superò mai, ad onta del nome, il 5-6% e ancora minore era il prelievo reale per l'assoluta insufficienza e inefficienza dei mezzi inquisitivi. In quanto ai canoni dovuti ai signori è difficile farne una valutazione precisa perché si trattava per la maggior parte di prestazioni personali, ma erano, per lo più, ridicoli. Se ne stupisce lo stesso Adam Smith: «I contadini pagavano una rendita che non aveva alcuna equivalenza con la sussistenza che la terra forniva loro, una corona, una mezza corona, una pecora, un agnello erano pochi anni fa, nelle Highlands, una rendita ordinaria per delle terre che mantenevano una famiglia». A. Smith, *La ricchezza delle nazioni*, III, IV, Roma, Newton Compton, 1995.

fino all'autodifesa privata e alla riappropriazione della violenza individuale. Ogni cittadino deve poter difendere da sé la propria sicurezza e se non è in grado di farlo da solo si rivolgerà, nell'ipotesi *Libertarians*, a delle imprese private che, in competizione economica fra loro, soddisferanno i clienti a seconda delle loro esigenze e di quanto sono disposti a pagare. Tutto ciò passa inevitabilmente per una pressoché totale dissoluzione dello Stato moderno che nasce proprio per garantire, in regime di monopolio, la sicurezza.

Questo ritorno a una specie di "stato di natura", ma in chiave economica, o piuttosto a un Far West idealizzato e mitizzato, oltre che vagamente folle è ovviamente utopico. Innanzitutto in Occidente non abbiamo più la vitalità necessaria per difenderci da noi stessi. Dalle nostre parti se uno torna a casa la sera e trova la moglie a letto con un altro gli presenta il proprio biglietto da visita. Troppa modernità e troppa democrazia sono passate sulle nostre esistenze. Dovendo convivere con oligarchie arbitrarie, non rispettate, ma che detengono la forza reale, ci siamo abituati a servire e a subire ogni prepotenza. E il benessere ci ha reso la vita talmente cara che non c'è umiliazione che non siamo disposti a ingoiare pur di non metterla a rischio. Non siamo Nuer. Viviamo attenti agli spifferi, facendo una mezza dozzina di controlli clinici l'anno. E il nostro reale problema nel rapporto con gli immigrati e la loro aggressività, individuale o di gruppo, ciò che ci dà veramente fastidio e ci procura un senso di malessere – perché il confronto sottolinea sottilmente una condizione umiliante, anche se sottaciuta – è che loro, pur nella miseria, sono vitali e noi no, che proprio perché hanno poco o nulla da perdere possono permettersi il lusso di rischiare e noi no, e avvertiamo che nella nostra grascia siamo diventati degli uomini diminuiti (che poi, più in generale, insieme alla nostra sostanziale mancanza di valori, è il problema dell'Occidente nello scontro con l'Islam: di là i kamikaze, di qua una settimana di lacrime e di strazio per diciassette soldati morti senza aver saputo difendersi).

Se poi la sicurezza individuale dovesse essere affidata, come pensano i *Libertarians*, anziché allo Stato a delle imprese si può immaginare chi, in un sistema che resterebbe centrato sull'economia, si organizzerebbe degli eserciti privati con cui scorrazzare in lungo e in largo, per cui il cittadino perderebbe anche quell'incolumità fisica che, seppure a prezzo della sottomissione, la democrazia, bene o male, gli deve garantire. Peraltro la tendenza a creare degli eserciti privati, ad uso delle sole oligarchie, è già presente nel sistema attuale. I principali oligarchi, della politica, dell'economia, dello star-system, vivono circondati da guardie del corpo armate, mentre la criminalità organizzata dispone di eserciti veri e propri davanti ai quali il cittadino è inerme[12].

Ma a parte queste considerazioni è ipotizzabile quella dissoluzione dello Stato che è la base di partenza del pensiero *Libertarians*? È vero che in Occidente, almeno in Europa, lo Stato

[12] Una ventina di anni fa viveva a San Giovanni La Punta, un paesino vicino a Catania, un benzinaio quarantenne di nome Francesco Richichi. Era, per i costumi dell'isola, un uomo bizzarro, rifiutava di assoggettarsi ai taglieggiamenti imposti dal racket della zona, resisteva alle minacce, alle rappresaglie, agli avvertimenti che fanno parte del protervo rituale della mafia. Neanche un incendio al suo distributore lo aveva piegato. E un giorno, quando due delinquenti locali erano arrivati per rapinargli l'incasso di giornata e dargli una lezione, minacciandolo con le pistole, lui e il giovane figlio erano stati più svelti e li avevano uccisi. Da allora sul margine della strada dove erano caduti i rapinatori era stata disegnata una grande croce e ogni mattina, per un lungo anno, veniva trovato un mazzo di fiori che non significavano pietà per i defunti, ma una precisa e agghiacciante condanna a morte. Quell'uomo avrebbe dovuto essere difeso dallo Stato con tutte le sue forze, con scorte adeguate, sottraendole magari a qualche inutile oligarca, non solo perché garantire la sicurezza del cittadino è il compito per cui lo Stato è nato, ma perché l'esempio di Francesco Richichi poteva diventare contagioso e un formidabile strumento nella lotta alla mafia che, prima che un'organizzazione, è una mentalità. Ma la questura di Catania si era ben guardata dall'organizzare un qualsiasi servizio di protezione intorno al benzinaio e non aveva avuto nemmeno la doverosa curiosità di andare a vedere chi era a mettere quei fiori e quali intenzioni avesse (e ci voleva davvero poco, bastava un appostamento). Francesco Richichi era stato lasciato solo col suo coraggio, fino all'inevitabile conclusione. Il 25 settembre del 1984 fu assassinato a colpi di lupara, sotto gli occhi del figlio.

nazionale è in crisi, si va indebolendo e pare destinato, sia pure a gioco lungo, a scomparire perché ha esaurito le sue funzioni. Lo Stato nazionale nasce infatti, un paio di secoli fa, sostanzialmente per soddisfare due esigenze. Una di sicurezza: garantire la difesa verso i nemici esterni. L'altra economica: eliminare i balzelli daziari di ducati, granducati, signorie, città-stato, per favorire il commercio. Ma oggi, nell'Europa unita, non ci sono più confini economici e d'altro canto nessuno Stato è così grande e forte da poter assicurare da solo la difesa, ma non è nemmeno così piccolo, omogeneo e coeso da soddisfare le esigenze identitarie che stanno riemergendo prepotentemente.

L'attuale modello di sviluppo economico a livello globale, governato dalle democrazie industriali, spinge quindi verso la dissoluzione dello Stato nazionale, non però nella direzione di una "anarchia ordinata" planetaria, come vorrebbero i *Libertarians*, anch'essi molto fiduciosi nei poteri di Internet e nelle frammentazioni e capillarizzazioni che, per ora, consente, ma va, all'opposto, verso la creazione di Superstati, come l'Unione Europea, o addirittura di un unico Stato mondiale a guida americana. Va quindi verso un potere sempre più centralizzato e in mano ad oligarchie planetarie meno controllabili che mai. Già ora, almeno parzialmente, è così. Oligarchie nazionali e planetarie si intrecciano a formare un sistema di potere che, sia a livello globale che all'interno di ciascuna democrazia, di democratico non ha più nulla.

La cosa è diventata così palese – pericolosamente palese, perché qualsiasi regime ha bisogno di credibilità per restare in piedi – che da qualche tempo gli ideologhi della democrazia, non potendo più negare l'evidenza, insistono su un concetto che avrebbe fatto inorridire Rousseau, Locke, Mill e tutti i padri fondatori: in fondo, dicono, tutti i sistemi politici sono stati oligarchici e «anche la formula democratica resta una variante – la variante aperta – del principio di élite»[13].

Ma non è questo escamotage, passabilmente vergognoso, questo trasformismo di una pseudodemocrazia che si è sfacciatamente imposta come un sistema autoritario, di élites che non hanno le qualità dell'élites, a salvarla dal tracollo.

La questione della democrazia liberale non può essere isolata da quella del modello di sviluppo di cui è la copertura istituzionale. La liberaldemocrazia, forse più di qualunque altro regime, è strettamente legata al sistema economico sottostante. Ne è un prodotto o, per dirla con Marx, la sovrastruttura. La polpa è il libero mercato. Se infatti, secondo Kelsen, si può ipo-

[13] Sartori, *Democrazia e definizioni*, cit., p. 73.

tizzare, almeno in teoria, una democrazia collettivista – basta che la maggioranza decida per un sistema pianificato – non si può immaginare una liberaldemocrazia senza libero mercato. Come aveva già intuito nel 1819 Benjamin Constant, quando pubblicò *Della libertà degli antichi paragonata a quella dei moderni*, la democrazia liberale è in assoluto il sistema più adatto a favorire gli scambi[14]. In fondo, ad onta dei suoi professati, e sempre sconfessati, principi, nasce soprattutto per rispondere al bisogno della borghesia di fare affari e potrebbe essere tradotta, senza troppe forzature, invece che come "governo del popolo" col termine *commercio*[15]. La libertà dell'individuo è soltanto un presupposto, e forse anche un pretesto, della più ghiotta libertà di iniziativa privata in campo economico. A questo proposito va sottolineato un elemento cui si fa, ci pare, pochissimo caso: l'iniziativa privata non è la stessa cosa della proprietà privata. La proprietà privata sta all'iniziativa privata come la forza fisica sta alla possibilità di farne uso. In nessun tempo si è mai negato a

[14] B. Constant, *Della libertà degli antichi paragonata a quella dei moderni*, Roma, Samonà e Savelli, 1965.

[15] Secondo Constant il commercio avrebbe avuto anche la funzione di sostituire la guerra, troppo costosa e distruttiva, come mezzo di scambio di risorse. L'Ottocento e il Novecento hanno dimostrato che non è così e che il commercio, vale a dire i grandi interessi economici globalizzati, favorisce la guerra invece di limitarla.

qualcuno il diritto di possedere una forza fisica superiore che dovesse essere in qualche modo ridotta per uguagliarla a quella degli altri. La forza fisica è un dono di natura e chi ce l'ha se la tiene. Ma il problema di mettere dei limiti all'uso indiscriminato di questa forza si è posto fin dall'inizio, appena l'uomo ha cominciato a vivere in comunità sufficientemente organizzate e strutturate. In origine il diritto nasce proprio per impedire che individui fisicamente superiori possano usare la loro forza per danneggiare gli altri o per sottometterli. Non si capisce perché lo stesso criterio non debba valere per un altro dono di natura qual è l'abilità economica. Nella società preindustriale, preliberale, predemocratica la proprietà privata non era messa in alcun modo in discussione, era invece messa in discussione la possibilità che l'individuo potesse usare illimitatamente della propria superiore abilità e capacità in campo economico per danneggiare il prossimo o per soggiogarlo. Tutto lo sforzo della Scolastica, da Tommaso d'Aquino ad Alberto Magno, da Raymond de Pennafort a Enrico di Langstein, da Buridano a Nicola Oresme, con la lotta al profitto e all'interesse (il tempo è di Dio e quindi di tutti e non può essere perciò monetizzato), l'elaborazione dei concetti di «giustizia commutativa e distributiva» e dei principi cui dovevano essere sottoposti gli atti di scambio «perché fossero conformi a un criterio di giustizia»[16] e non permettessero sopraffazioni, fu un tentativo, generoso e per molti secoli riuscito, di evitare che alla violenza della forza fisica si sostituisse quella dell'abilità economica, dell'iniziativa privata dispiegata senza limiti ai danni dei più sprovveduti, dei meno capaci o anche dei meno interessati.

La democrazia liberale, insieme a tutta una serie di altri fattori, precedenti, concomitanti e successivi, fra cui determinanti sono la Rivoluzione scientifica, la Riforma e, soprattutto, la Rivoluzione industriale, abbatte questi limiti e contribuisce a porre le premesse dell'attuale modello di sviluppo occidentale, dove al centro c'è l'economia e l'uomo è semplicemente una variabile dipendente.

Il destino della democrazia liberale coincide quindi con quello dell'attuale modello di sviluppo. Vivrà o perirà con esso. È questo che può far ritenere ai suoi apologeti che la democrazia sia il punto d'arrivo, il terminale della Storia, nonostante tutti i dubbi che suscita. Perché se la liberaldemocrazia ha avuto molti e insidiosi nemici, l'attuale modello di sviluppo, inteso nella sua essenza, come società uscita dalla Rivoluzione industriale, come *modernità*, non ne ha nessuno, né a destra né a sinistra. Il

[16] E. James, *Storia del pensiero economico*, Milano, Garzanti, 1963, p. 30.

presupposto, inamovibile e irrevocabile, comune ai liberali e ai marxisti, è infatti che il mondo moderno, pur con tutte le sue contraddizioni e lacerazioni, è infinitamente più vivibile di quello di ieri, descritto come un mondo di fame, di miseria, di prepotenze, di illiberalità, di sangue e di morte. La convergenza di destra e di sinistra, di liberali e marxisti, su questo punto fondante, che legittima l'intera modernità, insieme alle sue dottrine politiche, è del tutto coerente e comprensibile. Figli entrambi della Rivoluzione industriale liberalismo e marxismo, nelle loro varie declinazioni, sono in realtà due facce della stessa medaglia. Sono entrambi modernisti, illuministi, progressisti, ottimisti, razionalisti, materialisti, economicisti, entrambi hanno il mito del lavoro (per Marx è "l'essenza del valore", per i liberal-liberisti è esattamente il fattore che, combinandosi col capitale, dà il famoso plusvalore – nelle società preindustriali e predemocratiche il lavoro non è un valore, è nobile chi non lavora, artigiani e contadini lavorano per quanto gli basta, il resto è vita), sono entrambi industrialismi che pensano che l'industria e la tecnica produrranno una tale cornucopia di beni da rendere felici tutti gli uomini (Marx) o, più realisticamente per i liberali, il maggior numero possibile. Fin qui liberalismo e marxismo sono pressoché identici e si sa che Marx riteneva la borghesia una classe sommamente rivoluzionaria – e quindi, ai suoi occhi, particolarmente benemerita – perché, come scrive, insieme a Engels, nel *Manifesto*, aveva «lacerato senza pietà i variopinti legami che nella società feudale avvincevano l'uomo ai suoi superiori naturali»[17] lasciando al loro posto i crudi rapporti di produzione e di denaro.

Ma poiché il marxismo si è rivelato un industrialismo inefficiente e quindi perdente, l'unica faccia della medaglia della modernità spendibile è rimasta quella liberale, liberista, democratica. E la modernità non può essere messa in discussione né dalla destra né dalla sinistra, perché significherebbe recidere le proprie radici dato che dalla modernità sono nate e nella modernità si sono affermate. È questo il "pensiero unico" di cui si sente tanto parlare senza peraltro sapere bene, spesso, di che cosa si tratti.

I pochi che osano mettersi di traverso a questo pensiero sono bollati come inguaribili e ridicoli passatisti. In un suo recente saggio, una specie di epitome del pensiero e della sicumera modernista, il francese Pierre Milza scrive: «È nostro dovere spiegare che il pericolo di morte per le civiltà esiste solo quando queste si irrigidiscono nella sterile contemplazione del pro-

[17] K. Marx-F. Engels, *Manifesto del Partito comunista*, Roma, Editori Riuniti, 1969, pp. 58-59.

prio passato»[18]. È curioso come gli idolatri della modernità, liberali o marxisti, di destra o di sinistra, maniaci del cambiamento, perché da un cambiamento, anzi da una rivoluzione, sono nati, non si rendano conto che «irrigiditi nella contemplazione del proprio passato» sono proprio loro, loro i veri passatisti, perché sono seduti su categorie ottocentesche, vecchie di due secoli, che han fatto il loro tempo e non sono più in grado di capire appieno la realtà né di gestirla.

Non che la diade destra/sinistra sia del tutto obsoleta. Noi ci serviamo dell'immagine del treno che ci fornì anni fa, al Cern di Ginevra, Carlo Rubbia, Premio Nobel per la fisica, uno scienziato, un positivista, non un oscurantista e un apocalittico.

Noi siamo su un treno che va a ottocento all'ora, che per la sua dinamica interna deve continuamente aumentare la velocità, non c'è il macchinista o se c'è i comandi gli sono sfuggiti di mano da tempo e il convoglio va per conto suo. Sul treno c'è chi è seduto su comode poltrone, anche se, sballottato e frastornato dalla velocità, è pure lui in preda a un inquieto malessere (perché questo modello di sviluppo è riuscito nell'impresa di far star male anche chi

[18] P. Milza, *Ma non chiamatela decadenza*, «Corriere della Sera», 25 luglio 2003.

sta bene), chi in seconda classe, chi sulle panche, chi sugli strapuntini, chi sta nei corridoi, chi nei cessi, chi mezzo fuori dai finestrini mentre molti rotolano giù per la scarpata fra l'indifferenza generale. Per cui ha ancora un senso cercare una più equa sistemazione dei viaggiatori. Ma le domande di fondo (come aveva intuito in origine il movimento *No Global* prima di mutarsi in *New Global*, cioè nell'ennesimo tentativo di esportare il modello occidentale, solo un po' più umanizzato, comprensivo della democrazia e dei "diritti umani universali", anche presso chi non ne vuol sapere) sono diventate altre: dove sta andando il treno? qual è il rapporto fra i viaggiatori e il meccanismo che li sta portando? e possono, i viaggiatori, decidere quale deve essere la velocità e la meta o è il treno, la cui via è segnata dalle rotaie su cui è stato messo, a decidere per loro?

Più di trent'anni fa, con un certo anticipo sul signor Rifkin, guru del *New Global*, che crede che sostituendo il petrolio con l'idrogeno cambino i termini della questione, il *Club di Roma* di Aurelio Peccei fu il primo a lanciare l'allarme, con un libro-documento, *I limiti dello sviluppo*[19], sull'esaurimento delle fonti di energia, prevedendo che saremmo arrivati a raschiare il fondo del

[19] Club di Roma, *I limiti dello sviluppo*, Milano, Mondadori, 1972.

barile nel giro di pochi decenni. Purtroppo Peccei e i suoi si sbagliavano. Se le loro previsioni fossero state azzeccate saremmo stati costretti, dalla forza delle cose, a cambiare strada, a darci una regolata, a ridurre produzione e consumi e probabilmente anche a modificare i nostri stili di vita e, forse, persino le nostre istituzioni. Però, a differenza di Rifkin e di tutti i Rifkin dei giorni nostri, Peccei e i suoi collaboratori, che pur erano degli scienziati, americani per giunta, del mitico Massachusetts Institute of Technology (MIT), sembravano pienamente consapevoli che il problema non era semplicemente tecnico, di consumi, di fonti di energia da sostituire con altre, di danni ambientali, di inquinamento, ma investiva l'intero modello e la condizione dell'uomo al suo interno. Scrivevano: «Cominciamo a percepire che nella nostra società tecnologica ogni nuovo passo avanti rende l'uomo insieme più impotente e più forte, che ogni nuovo potere acquisito sulla natura sembra essere un potere sull'uomo... gli individui sono sempre più alienati dalla società... sebbene si ponga ancora l'accento sui vantaggi dell'aumento di produzione e del consumo, nei paesi più prosperi sta nascendo la sensazione che la vita stia perdendo in qualità e vengono messe in discussione le basi di tutto il sistema»[20].

Si rendevano anche conto, Peccei e gli altri,

[20] *Ibid.*, p. 21.

che lo sviluppo del modello industriale ed economico pur essendo guidato dai Paesi democratici era avvenuto e avveniva al di fuori di ogni controllo e scelta di coloro che lo vivono, senza chiedere il loro avallo ma dandolo per scontato e implicito. E concludevano il loro libro con queste parole: «È necessario che l'uomo analizzi dentro di sé gli scopi della propria attività e i valori che la ispirano, oltre a pensare al mondo che si accinge a modificare, incessantemente, giacché il problema non è solo di stabilire se la specie umana potrà sopravvivere, ma anche, e soprattutto, se potrà farlo senza ridursi a un'esistenza indegna di essere vissuta»[21].

Evidentemente fra le élites occidentali dell'epoca si coltivava ancora il valore illuminista del dubbio sistematico. La Ragione, per quanto elevata a Dea dai pensatori del Settecento e dell'Ottocento, nella seconda metà del Novecento, dopo due spaventose guerre mondiali e la scoperta dell'ambivalenza della tecnica, sapeva di dover dubitare anche di se stessa.

Sono passati solo trent'anni e l'ottimismo tecnologico, combinato con quello ideologico delle democrazie trionfanti, ha rotto gli argini spazzando via ogni remora, benché i motivi di inquietudine espressi dal Club di Roma siano enormemente aumentati.

[21] *Ibid.*, p. 155.

Il treno è passato come un rullo compressore sui Paesi del Terzo Mondo, devastandoli, disgregandoli, riducendoli alla miseria e alla fame, innescando migrazioni bibliche e un terrorismo planetario? Mette in ginocchio anche Paesi più strutturati e disfa ogni tessuto di solidarietà nelle società cosiddette opulente? Un'immensa bolla di denaro, scommessa su un futuro ipotecato sino alla fine dei tempi, sta sulle nostre teste in attesa di crollarci addosso? La scienza, perso ogni senso del limite, in preda a una *hybris* incontenibile, sfrenata e autoreferenziale, attacca e manipola l'origine stessa della vita, preannuncio, se già non è un presente, di un mondo da Frankenstein? E infine, e soprattutto, il cosiddetto benessere provoca nevrosi, depressione, angoscia, frustrazione, perdita di senso e ha precipitato l'uomo in una disperazione e in un'infelicità diffusa quale nessuna epoca che ci ha preceduto, per quanto brutale, ha mai conosciuto? Non importa. Viviamo comunque nel "migliore dei mondi possibili" e, come dice Fukuyama, non possiamo immaginarne un altro. In più siamo democratici e quindi padroni del nostro destino.

Andare avanti – questa è la parola d'ordine delle oligarchie planetarie – verso un futuro orgiastico, sempre additato come a portata di mano, che arretra costantemente davanti a noi con la stessa inesorabilità dell'orizzonte davanti a chi abbia la pretesa di raggiungerlo.

«Indietro non si torna!» urlano i fanatici della industrial-democrazia, feroci e ilari mentre stanno segando, con un ottimismo la cui ottusità è pari solo al loro attivismo, il ramo dell'albero su cui son seduti. Se fossimo su un altro albero potremmo – poiché non siamo buoni – sbellicarci dalle risa, guardandoli. Ma siamo seduti accanto a loro, sullo stesso ramo o, per tornare alla metafora del treno, sullo stesso vagone, il frastuono infernale copre e disperde ogni voce di dissenso, se mai qualcuno volesse ascoltarla, e non possiamo far altro che osservare, testimoni e vittime impotenti, il convoglio che perde i pezzi insieme al suo carico umano, mentre la sua lucente locomotiva, lanciata a tutta velocità, assomiglia sempre più a un missile programmato per autodistruggersi. Non è il Sonno ma il Sogno della Ragione che ha partorito mostri.

Tuttavia, sia pur molto laterali, esistono anche correnti di pensiero che vorrebbero far imboccare al treno una tratta secondaria, se esiste, se la si trova, o fermarlo o fargli fare anche una qualche marcia indietro. Sono soprattutto americane, perché gli Stati Uniti essendo la punta di lancia del modello sono anche i primi a produrre anticorpi. Le più importanti sono il *bioregionalismo*, che coniuga localismo e ambientalismo, e il *comunitarismo*, che propugna un regime comunitario della terra, com'era in epoca preindustriale, una sorta, per dirla molto alla grossa, di feudalesimo senza feudatari. Entrambi, come certe ali radicali, dell'ambientalismo scandinavo, sono per un ritorno, *graduale*, *limitato* e *ragionato*, a forme di autoproduzione e di autoconsumo, in comunità più piccole, più controllabili e più umane, che passa necessariamente per un recupero della terra a spese dell'industria e, più in generale, del mondo astratto e virtuale che ci siamo costruiti.

L'uomo è Natura e Cultura. Questa è la sua cifra, ciò che lo distingue dagli altri esseri viventi. Ma la Cultura, vale a dire la parte artificiale e artefatta, ha preso dimensioni enormi, tali da comprimere e schiacciare la Natura, cioè la nostra parte istintuale. Ed è esattamente questo che ci fa vivere male, che ci fa soffrire – tanto più se abitiamo la parte materialmente opulenta, e quindi più alterata, del mondo – perché ha rotto i nostri equilibri interni. L'uomo moderno è un ragno prigioniero della tela che lui stesso ha filato. Si tratta di ritrovare un equilibrio e un'armonia fra Natura e Cultura, fra i due poli del nostro essere uomini. Il che non significa limitare il nostro pensiero ma le sue realizzazioni. I Greci possedevano una teoria della meccanica con la quale avrebbero potuto costruire macchine molto simili alle nostre, ma vi rinunciarono perché intuivano che è pericoloso andare a manipolare e replicare la natura. Non è il problema dell'ambientalismo, come comunemente lo si intende, del rapporto dell'uomo con la natura, che è percepito da tutti, ormai, tanto è diventato evidente – c'è anche quello, naturalmente – ma di un'ecologia più sottile, che riguarda il rapporto dell'uomo con se stesso, la sua interiorità, i suoi nuclei costitutivi e che sfugge, in genere ai più, che vedono solo l'aspetto superficiale della questione e pensano di rimediare ai guasti della tecnologia con una tecnologia ancora più sofisticata. Cosa che invece di risolvere il problema della sproporzione nel rapporto fra Natura e Cultura la enfatizza. Inoltre cercare di rimediare alla tecnologia con altra tecnologia ha la stessa logica di chi avendo un debito lo copre con un altro debito fino a che il bluff viene scoperto e si arriva al collasso. Che è la logica su cui sta correndo il treno. Un continuo rilancio sul futuro che prima o poi ci ricadrà addosso, o ci arriverà alle spalle nel moto circolare della velocità, come drammatico presente.

Il ritorno alla terra non viene quindi inteso semplicemente come cambio radicale dell'indirizzo produttivo, più agricoltura e meno industria, più cibo, autoprodotto, per tutti e meno scemenze tecnologiche, ma come recupero, in senso non solo simbolico, di energie vitali. Noi veniamo dalla terra e alla terra ritorniamo. Siamo suoi figli. Il contatto con la terra ci rigenera psicologicamente e fisicamente. Fra i miti greci, che non sono mai casuali, che rappresentano la sintesi allegorica della sapienza antica, c'è quello di Anteo, un gigante figlio di Gea, la Madre Terra. Benché figlio di dea Anteo è un uomo, un mortale. Viene sfidato da Ercole, impegnato nelle sue proverbiali dodici fatiche. Non è un caso che sia Ercole l'antagonista di Anteo. È infatti colui che ha liberato Prometeo dal castigo che gli era stato inflitto da Giove per aver rubato il fuoco agli dei e averlo donato agli uomini. Lo scontro fra Ercole e Anteo può essere anche inteso, attraverso Prometeo, come lo scontro fra Tecnologia e Natura. Ercole dovrà sudare le altrettanto proverbiali sette camicie per avere ragione di Anteo. Perché ogni volta che lo mette con le spalle a terra il figlio di Gea riprende le forze. Risolverà la faccenda sollevando Anteo da terra, tenendolo a mezza altezza e stritolandolo fra le sue braccia poderose.

Sradicati dalla terra[22], allontanati dalla natura, indeboliti negli istinti[23], prigionieri della

[22] Nelle grandi città dove in Occidente, ma ormai anche altrove, abita la maggioranza della popolazione, noi viviamo in loculi a venti, trenta, cinquanta metri dal suolo e il cemento ci separa dalla terra con cui non abbiamo contatti, se non sporadici, saltuari e comunque falsati, perché non la lavoriamo, non la viviamo, non la conosciamo più. Siamo cittadini e col termine *citoyen*, introdotto dalla Rivoluzione francese, ha inizio la modernità.

[23] L'11 settembre pochi, anche fra coloro che potevano far-

Tecnologia, cioè di noi stessi, siamo come Anteo fra le braccia stritolanti di Ercole, l'asfissia ci soffoca, il sangue affluisce sempre più lentamente al cervello, la mente si annebbia e le idee ci sono così confuse che spontaneamente, docilmente infiliamo la testa fra le fauci del mostro che ci sta divorando.

Su un piano molto diverso da quello del *bioregionalismo*, del *comunitarismo*, dell'ambientalismo radicale, si muovono l'interessante scrittrice indiana Arundhati Roy[24] e l'americana Naomi Klein col famosissimo *No Logo*[25] o il gruppo di *jammers* che si raccoglie intorno alla rivista «Arbusters», di Kalle Lasn, nata una trentina di anni fa[26], che propongono strategie meno radicali: corrodere il sistema dall'interno, come delle termiti, con atti capillari di rifiuto e di piccolo sabotaggio.

lo, trovarono l'istinto elementare di precipitarsi giù dalle scale e mettersi in salvo con le proprie gambe. I più si attennero alle istruzioni, aspettando di essere tratti d'impaccio dalla tecnica. Un cane, non sapendo né leggere né scrivere, trascinò il padrone cieco dall'80° piano all'uscita salvandolo.

Sugli aerei gli attentatori avevano solo dei temperini, i passeggeri e l'equipaggio avrebbero potuto sopraffarli facilmente, correndo il rischio di qualche perdita, invece si lasciarono portare docilmente al macello.

[24] A. Roy, *Guida all'Impero per la gente comune*, Milano, Guanda, 2003.

[25] N. Klein, *No Logo*, Milano, Baldini & Castoldi, 2000.

[26] *Errore di sistema, teoria e pratica di «Arbusters»*, a cura di F. Berardi, L. Pignatti, M. Magagnoli, Milano, Feltrinelli, 2003.

È poi in atto, da alcuni decenni, un fenomeno centrifugo, antitetico alla tendenza dominante della globalizzazione: la cosiddetta "riscoperta delle piccole patrie", alle cui spalle c'è il fallimento dell'utopia illuminista e astratta, tipicamente globalista, dell'uomo come "cittadino del mondo" e il riconoscimento che abbiamo bisogno di punti di riferimento, di radici, di identità. Percorre trasversalmente l'intero pianeta, va dalla riscoperta dell'orgoglio pellerossa e indio, al separatismo del Quebec e di Terranova, alla divisione fra Boemia e Slovacchia, alla Transilvania, al Galles, alla Provenza, alla Savoia, alla frantumazione della stessa Unione Sovietica e della Jugoslavia e, passando per i tradizionali indipendentismi europei, irlandese, basco e corso, arriva fino alle Leghe di casa nostra. È un movimento tellurico che, mescolando indipendentismi, nazionalismi, etnicismi di varia origine e natura, non ha un'ideologia comune né consapevole, tranne, forse, che nell'ultima generazione dei separatisti corsi, gli eco-separatisti (i "terroristi gentili", per dirla con Camus, perché fanno saltare in aria i Club Mediterranée e le case dei francesi e degli italiani, avendo però la massima cura di non spargere una sola goccia di sangue) la cui proposizione di fondo è, più o meno, la seguente: «Anche noi vogliamo lo sviluppo, ma a modo nostro, rispettando il nostro habitat, storia, tradizioni, stili di vita. Se questo significa uno standard inferiore ai livelli europei, noi ci stiamo. Non ci teniamo, ma se dovesse voler dire rinunciare al frigorifero per tornare alla ghiacciaia, ci stiamo ugualmente».

Corsica a parte[27] è comunque evidente che in ogni localismo, che già di per sé è un antiglobalismo, è insito tendenzialmente un antindustrialismo e un antimodernismo. Perché se localismo significa «avere punti di riferimento comprensibili in uno spazio limitato» per ritrovare un'identità perduta o messa gravemente in pericolo dai processi di omologazione, non ha alcun senso, se non folclorico, se poi siamo tutti battezzati in un mare di Coca-Cola, usiamo tutti gli stessi prodotti, vestiamo allo stesso modo, vediamo le stesse cose, mastichiamo la stessa cultura, adoperiamo la stessa lingua, abbiamo gli stessi costumi, obbediamo alle stesse leggi, ci diamo le stesse istituzioni, anzi una sola: la Democrazia.

Fuori d'Occidente un fenomeno interessante, come tentativo di resistere all'omologazione planetaria, è stato il movimento talebano del mullah Omar (una estremizzazione del khomei-

[27] Gli Illuministi, e in particolare Rousseau, a metà del Settecento guardavano alla Corsica come a un possibile laboratorio e per gli stessi motivi per cui potrebbe esserlo oggi: il suo relativo isolamento, benché sia ben dentro il mondo occidentale, e la sua non completa omologazione al modello dominante. P. Arrighi-A. Olivesi, *Histoire de la Corse*, Toulouse, Privat, 1996.

nismo) che proponeva, nell'era della modernità democratica trionfante, avanzante e conquistante, una sorta di "Medioevo sostenibile" (che è comunque qualcosa di meno imbecille dello "Sviluppo sostenibile" che, allo stato attuale, è già un impossibile ossimoro, un'illusione o, piuttosto, una volgare menzogna), cioè una società regolata sul piano del costume da leggi arcaiche, risalenti al VII secolo arabo, non del tutto aliena però dal far proprie alcune limitate e mirate conquiste tecnologiche. In fondo il mullah Omar è stato l'unico, vero, *No Global* di questi anni ed è per questo che è stato spazzato via dalle bombe americane col pretesto di dare la caccia al fantasma di Bin Laden.

Ma il *bioregionalismo*, il *comunitarismo*, il radicalismo ecologista, così come il paziente lavoro carsico proposto dalla Roy, dalla Klein, dagli *jammers* e lo stesso fenomeno centrifugo delle "piccole patrie", anche ammesso che abbiano qualche possibilità di successo, presuppongono scenari a lunghissimo termine. L'impressione è che manchi il tempo, che, come ci disse ancora Carlo Rubbia, il treno abbia superato il punto di "non ritorno" e che andrà a sbattere prima che sia possibile innestare una qualche retromarcia.

Le crescite esponenziali, su cui si basa il modello, che ha la necessità di espandersi costantemente, sia economicamente che geograficamente, pena l'implosione, esistono solo in matematica, non in natura. Inoltre il crollo del marxismo prelude a quello del capitalismo. Per due secoli liberalismo e marxismo, figli della stessa madre, fratelli solo apparentemente nemici, di fatto complici, si sono sostenuti a vicenda, come due arcate di un ponte. Il cedimento improvviso del marxismo causerà la caduta dell'industrial-capitalismo, per mancanza di opposizione, per eccesso di slancio. Quando il "modello unico" avrà conquistato l'intero pianeta crollerà su se stesso. È una legge della fisica prima ancora che della sociologia politica. È il destino di tutti i sistemi totalizzanti e un dato dell'esperienza storica. L'Impero romano aveva appena finito di conquistare tutto il mondo allora conosciuto che si frantumò in mille pezzi dando origine al feudalesimo europeo. Quando avrà invaso ogni spazio disponibile, l'attuale sistema economico e produttivo, venendogli a mancare ogni possibilità di ulteriore espansione, cortocircuiterà da solo. Cadrà su se stesso come certi grattacieli mirati ad arte. Bucherellarlo qua e là, alleggerirlo, come vorrebbero fare alcuni suoi oppositori, potrebbe essere addirittura controproducente e servire a tenerlo in vita più a lungo, come accade a certe vecchie querce cave, divorate dai parassiti, che durante le tempeste non vengono abbattute dal vento perché offrono meno resistenza di quelle piene e sane.

Probabilmente la cosa più intelligente da fare

sarebbe, al contrario, aiutare il treno ad aumentare ancora la sua velocità in modo che vada più presto a schiantarsi contro il suo futuro immaginario.

Ma si può benissimo risparmiarsi questo sforzo contro natura. Basta lasciar fare ai "padroni del vapore". Sono proprio i Bush, i Ramsfeld, i Cheney, i Wolkowitz, le Rice, i Perle, i Kagan, i Berman, i migliori alleati dei propri avversari, gli *Heautontimoroumenos* che lavorano allo strangolamento del proprio mondo nel più breve tempo possibile.

Che un colpo come quello dell'11 settembre avrebbe provocato una formidabile accelerazione dell'intero processo storico non era difficile da capire. I dirigenti americani e i cervelli al loro servizio, i famosi *think tank*, avrebbero dovuto fare di tutto per ammorbidirne e attutirne l'impatto e la portata, per rallentarne gli effetti in modo da guadagnar tempo e qualche generazione ancora. Invece hanno colto al balzo l'occasione per dare un ulteriore colpo di acceleratore e una spinta definitiva ai loro deliri di egemonia universale. Senza rendersi conto che il raggiungimento della loro meta sarà anche la loro fine.

Il crollo dell'Impero romano era in fondo poca cosa per la specie umana. Quell'Impero, anche se noi gli annettiamo tanta importanza, occupava una porzione insignificante del vasto mondo, il resto continuò a vivere come sempre aveva vissuto senza nemmeno accorgersi dell'evento. Il crollo di un sistema planetario provocherà invece una catastrofe altrettanto planetaria. Non ci siamo lasciati alternative, motori di riserva, vie di fuga.

Il mito di Atlantide deve avere anch'esso un senso. Si ricomincerà da una tabula rasa o quasi. Scomparsa quella vescica ripugnante, intenta a ingurgitare materia e a espellerla il più rapidamente possibile, eternamente basculante fra la tavola da pranzo e il cesso, con l'occhio fisso negli intervalli, quando non sacrifica al Moloch della produzione, su un altro occhio che la fissa, privata di ogni dignità e considerazione, senza onore, umiliata, ridicola e tragica, serva di chiunque voglia farla da padrone, che oggi chiamiamo uomo, l'*Homo democraticus*, da che sarà sostituita?

Ci sarà l'alba di una nuova Aurora? Bisogna diffidare delle Aurore, in genere sono state peggiori delle più fitte tenebre. Poiché però «anche le illusioni fanno parte della realtà» e sognare, almeno per il momento, non è ancora proibito (del resto non ci resta molto altro da fare), non c'è niente di male a immaginare, non, per carità, l'avvento dell'"uomo nuovo", che, da Kant in poi, abbiamo già visto all'opera in questi due secoli e sappiamo che cosa è capace di combinare e in quali condizioni sia riuscito a ridursi, ma piuttosto il ritorno di un tipo antico, che pur è esistito e ancora esiste in qualche luogo perduto, fiero, audace, dignitoso, essenziale, silenzioso, crudele e feroce anche, certo, per nulla "buon selvaggio" (abbiamo fatto delle micidiali indigestioni di bontà in questi ultimi tempi) ma, insomma, vivo. Un uomo che non si umili fino al punto di pagare qualcuno perché lo comandi e lo assoggetti raccontandogli che questa è la sua libertà. Un Nuer. «Incedono come fossero i signori della terra, quali in effetti si considerano. Nella loro società non ci sono né padroni né servi, ma solo uguali»[28].

[28] Evans-Pritchard, *I Nuer: un'anarchia ordinata*, cit., p. 244.

Bibliografia

Aimond C., *Histoire de la ville de Varennes-en-Argonne*, Contaut-Laguerre, 1928.

Anderson P., *Lo stato assoluto*, Milano, Mondadori, 1980.

Anonimo ateniese, *La democrazia come violenza*, Palermo, Sellerio, 1990.

Arrighi P.-Olivesi A., *Histoire de la Corse*, Toulouse, Privat, 1996.

Atomisti antichi, *Testimonianze e frammenti*, Milano, Bompiani, 2001.

AA.VV., *Le élites politiche*, Bari, Laterza, 1961.

Becker C.L., *Modern Democracies*, Yale University Press, 1941, trad. it., Casale Monferrato, Marietti, 1953.

Benoist A. de, *Democrazia. Il problema*, Firenze, Arnaud, 1985.

Berman P., *Terror and Liberalism*, Norton, 2003.

Bloch M., *I Re taumaturghi*, Torino, Einaudi, 1973.

Bobbio N., *Il futuro della democrazia*, Torino, Einaudi, 1995.

Borges L., *Tutte le opere*, Milano, Mondadori, 1989.

Camus A., *L'uomo in rivolta*, Milano, Bompiani, 1962.

Canfora L., *Critica della retorica democratica*, Roma-Bari, Laterza, 2002.

Carr E.H., *Sei lezioni sulla storia*, Torino, Einaudi, 1967.

Cavalli L., *Il leader e il dittatore*, Roma, Ideazione editrice, 2003.

Chomsky N., *Due ore di lucidità*, Milano, Baldini & Castoldi, 2003.

Chomsky N., *La fabbrica del consenso*, Milano, Marco Tropea Editore, 1998.

Club di Roma, *I limiti dello sviluppo*, Milano, Mondadori, 1972.
Constant B., *Della libertà degli antichi paragonata a quella dei moderni*, Roma, Samonà e Savelli, 1965.
Croce B., *La storia come pensiero e come azione*, Bari, Laterza, 1938.
Crouch C., *Postdemocrazia*, Roma-Bari, Laterza, 2003.
Cunsolo F., *Il mondo in sei pagine*, Elmo editore, 1952.
Curi U., *Il farmaco della democrazia*, Milano, Christian Marinotti ed., 2003.
Davies P., *Dio e la nuova fisica*, Milano, Mondadori, 1994.
De Capua R., *Hans Kelsen e il problema della democrazia*, Roma, Carocci, 2003.
Dostoevskij F., *I fratelli Karamazov*, Milano, Aldo Palazzi Editore, 1958.
Eraclito, *Frammenti*, Milano, Mondadori, 1998.
Evans-Pritchard E.E., *I Nuer: un'anarchia ordinata*, Milano, Franco Angeli, 2003.
Ferrarotti F., *Studi e ricerche sul potere*, Roma, Ianua Editrice, 1980.
Fini M., *La congiura di Catilina*, Milano, Mondadori, 1996.
Fini M., *Il denaro. «Sterco del demonio»*, Venezia, Marsilio, 1998.
Fini M., *La Ragione aveva Torto?*, Milano, Camunia, 1985, Marsilio, 2003[4].
Fini M., *Il vizio oscuro dell'Occidente. Manifesto dell'antimodernità*, Venezia, Marsilio, 2002.
Flaubert G., *L'educazione sentimentale*, Milano, Feltrinelli, 2002.
Frazer J.G., *Il ramo d'oro*, Torino, Boringhieri, 1973.
Fukuyama F., *The End of the History and the Last Man*, The Free Press, 1992, trad. it., *La fine della Storia e l'ultimo uomo*, Milano, Rizzoli, 1996.
Goubert P., *L'Ancien Régime*, Milano, Jaca Book, 1976.
Graves R., *I miti greci*, Milano, Longanesi, 1977.
Hayek F.A. von, *Legge, legislazione e libertà*, Milano, Il Saggiatore, 1986.
Held D., *Modelli di democrazia*, Bologna, Il Mulino, 1977.
Hermet G., *Le peuple contre la démocratie*, Paris, Fayard, 1989.
Hertz J., *Political Realism and Political Idealism*, University of Chicago Press, 1951.

Holmes S., *Anatomia dell'antiliberalismo*, Milano, Edizioni di Comunità, 1995.
James E., *Storia del pensiero economico*, Milano, Garzanti, 1963.
Jouvenel B. de, *Del potere*, Milano, Sugarco, 1991.
Kelsen H., *La democrazia*, Bologna, Il Mulino, 1955.
Kelsen H., *Sociologia della democrazia*, Est, Milano, Il Saggiatore, 1991.
Kick R. (a cura di), *Tutto quello che sai è falso*, Bologna, Nuovi Mondi Media, 2003.
Klein N., *No Logo*, Milano, Baldini & Castoldi, 2000.
Landucci S., *I filosofi e i selvaggi (1580-1790)*, Roma-Bari, Laterza, 1972.
Lasch C., *La ribellione delle élite*, Milano, Feltrinelli, 1995.
Leoni B., *La libertà e la legge*, Macerata, Liberilibri, 2000.
Lijphart A., *Le democrazie contemporanee*, Bologna, Il Mulino, 2001.
Locke J., *Lettere sulla tolleranza*, Roma-Bari, Laterza, 2003.
Locke J., *Il secondo trattato sul governo*, Milano, Rizzoli, 1998.
Locke J., *Trattato sul governo*, Roma, Editori Riuniti, 2002.
Lottieri C., *Il pensiero libertario contemporaneo*, Macerata, Liberilibri, 2001.
Lukács G., *La distruzione della ragione*, Torino, Einaudi, 1974.
Luttwak E., *Che cos'è davvero la democrazia*, Milano, Mondadori, 2000.
Mancini R., *I guardiani della voce*, Roma, Carocci, 2002.
Marcuse H., Moore B. jr., Wolff R.P., *Critica della tolleranza*, Torino, Einaudi, 1968.
Marx K.-Engels F., *Manifesto del Partito comunista*, Roma, Editori Riuniti, 1969.
Mastellone S., *Storia della democrazia in Europa - Dal* XVIII *al* XX *secolo*, Torino, Utet, 1986.
Maupassant Guy de, *Bel-Ami*, Milano, Mondadori, 1999[5].
Mazzarino S., *Il pensiero storico classico*, Bari, Laterza, 1966.
McIntyre A., *Dopo la virtù*, Milano, Feltrinelli, 1988.
Michels R., *La sociologia del Partito Politico*, Torino, Utet, 1912.
Mills C.W., *La élite del potere*, Milano, Feltrinelli, 1959.
Montesquieu C.L. de, *Lo spirito delle leggi*, voll. I e II, Milano, Rizzoli, 1997.

Moore B. jr., *Le basi sociali dell'obbedienza e della rivolta*, Milano, Edizioni di Comunità, 1983.
Mosca G., *La classe politica*, Bari, Laterza, 1966.
Mosca G., *Storia delle dottrine politiche*, Bari, Laterza, 1967.
Necker J., *Du pouvoir exécutif dans les grandes Etats*, 1792.
Nozick R., *Anarchia, stato e utopia*, Milano, Il Saggiatore, 2000.
Pareto V., *Trasformazioni della democrazia*, Roma, Volpe, 1975.
Pareto V., *Trattato di sociologia generale*, Milano, Edizioni di Comunità, 1964.
Polanyi K., *La grande trasformazione*, Torino, Einaudi, 1974.
Polanyi K., *La libertà in una società complessa*, Torino, Bollati Boringhieri, 1987.
Popper K., *Miseria dello storicismo*, Milano, Feltrinelli, 2002.
Popper K., *La società aperta e i suoi nemici*, Roma, Armando, 1996.
Rashid A., *Talebani*, Milano, Feltrinelli, 2002.
Rousseau J.J., *Il contratto sociale*, in *Opere*, Firenze, Sansoni, 1972.
Roy A., *Guida all'Impero per la gente comune*, Milano, Guanda, 2003.
Russel B., *Autorità e individuo*, Milano, Longanesi, 1970.
Sabine G.H., *Storia delle dottrine politiche*, Milano, Etas Libri, 1998.
Sallustio, *La congiura di Catilina*, Milano, Rizzoli, 1957.
Sartori G., *Democrazia e definizioni*, Bologna, Il Mulino, 1957.
Schumpeter J.A., *Capitalismo, socialismo e democrazia*, Milano, Etas, 2001.
Simmel G., *Filosofia del denaro*, Torino, Utet, 1984.
Smith A., *La ricchezza delle nazioni*, Milano, Bruno Mondadori, 1997.
Soboul A., *La società francese nella seconda metà del Settecento*, Napoli, Giannini, 1971.
Sombart W., *Il capitalismo moderno*, Torino, Utet, 1978.
Strauss L., *Pensieri su Machiavelli*, Milano, Giuffrè, 1970.
Stuart Mill J., *Saggio sulla libertà*, Est, Milano, Il Saggiatore, 1981.

Stuart Mill J., *L'utilitarismo*, Milano, Sugarco, 1991.
Talmon J., *Le origini della democrazia totalitaria*, Bologna, Il Mulino, 2000 (ed. orig., *The Origins of Totalitarian Democracy*, Secker & Warburg, 1952).
Tocqueville A. de, *L'Antico regime e la Rivoluzione*, Milano, Rizzoli, 1981.
Tocqueville A. de, *La democrazia in America*, Milano, Rizzoli, 2002.
Trotzkij L., *Ma vie*, Paris, Gallimard, 1953.
Unger R.M., *Conoscenza e politica*, Bologna, Il Mulino, 1983.
Vetwork UK 2003, *The Dinka and Nuer. Agro-pastoralists of Southern Sudan*, http://www.eldis.org/pastoralism/cape/gallery.
Weber M., *Economia e società*, Milano, Edizioni di Comunità, 1980.
Weber M., *Il lavoro intellettuale come professione*, Torino, Einaudi, 1977.
Weldon T.D., *States and Morals*, Londra, Murray, 1946.
Zakaria F., *Democrazia senza libertà*, Milano, Rizzoli, 2003.

Stampato da
Grafica Veneta s.r.l., Trebaseleghe (PD)
per conto di Marsilio Editori® in Venezia

«I Grilli Marsilio»
Periodico mensile n. 86/2004
Direttore responsabile Cesare De Michelis
Registrazione n. 1096 del 18.05.1992
Tribunale di Venezia
Registro degli operatori di comunicazione-ROC n. 6388

EDIZIONE	ANNO
10 9 8 7 6 5 4 3 2 1	2004 2005 2006 2007 2008

i grilli

Abruzzese Alberto, Scurti Germano, *L'identità mediale degli italiani. Contro la repubblica degli scrittori*, 2003², pp. 216
Acquaviva Sabino, *La democrazia impossibile. Monocrazia e globalizzazione nella società*, 2002, pp. 208
Ariemma Iginio, *La casa brucia. I democratici di sinistra dal PCI ai giorni nostri*, 2000², pp. 226
Baldassarri Guido, *Questi italiani! Discorsi di moralità pubblica e privata*, 2001, pp. 224
Barón Crespo Enrique, *L'Europa all'alba del millennio*, prefazione di G. Amato, postfazione di M. Monti, 1997, pp. 312
Battista Pierluigi, *La fine dell'innocenza. Utopia, totalitarismo e comunismo*, 2002², pp. 156
Benvenuti Feliciano, *Il nuovo cittadino. Tra libertà garantita e libertà attiva*, 1994, pp. 144
Benzoni Alberto, Benzoni Elisa, *Attentato e rappresaglia. Il PCI e via Rasella*, 1999, pp. 128
Bianco Pialuisa, *Elogio del voltagabbana. Origine e storia di un tabù*, 2001, pp. 184
Bianco Pialuisa, *La lunga marcia dei pop comunisti. La Cina nell'economia globale*, 2000, pp. 184
Bianco Pialuisa, *La zattera del naufragio. Lettera sui limiti dell'Occidente*, 2002, pp. 168
Brunetta Gian Piero, *Identikit del cinema italiano oggi. 453 storie*, 2000, pp. 144
Cafagna Luciano, *C'era una volta. Riflessioni sul comunismo italiano*, 1991, pp. XVIII-162
Cafagna Luciano, *La grande slavina. L'Italia verso la crisi della democrazia*, 1993², pp. 208
Cafagna Luciano, *Nord e Sud. Non fare a pezzi l'unità d'Italia*, 1994, pp. 160
Cafagna Luciano, *Una strana disfatta. La parabola dell'autonomia socialista*, 1996, pp. 164
Cagliano Stefano, *Guarire dall'omeopatia*, 1998², pp. 136
Camon Ferdinando, *Il santo assassino. Dichiarazioni apocrife*, 1991, pp. 140
Ceri Paolo, *Il popolo di Lady Diana. Analisi di un'emozione collettiva*, 1998, pp. 148
Chiamparino Sergio, *Municipio. Dialogo su Torino e il governo locale con Giuseppe Berta e Bruno Manghi*, 2002, pp. 112
Chiarini Roberto, *Destra italiana. Dall'unità d'Italia a Alleanza nazionale*, 1995, pp. 168
Chiarini Roberto, Maraffi Marco (a cura di), *La destra allo specchio. La cultura politica di Alleanza nazionale*, 2001, pp. 240

Coen Federico, Borioni Paolo, *Le Cassandre di Mondoperaio. Una stagione creativa della cultura socialista*, prefazione di L. Cafagna, 1999, pp. 192
Colli Andrea, *Il quarto capitalismo. Un profilo italiano*, 2003, pp. 120
da Empoli Giuliano, *Un grande futuro dietro di noi. I giovani e la crisi italiana*, 1996[2], pp. 148
da Empoli Giuliano, *La guerra del talento. Meritocrazia e mobilità nella nuova economia*, 2000, pp. 180
da Empoli Giuliano, *Overdose. La società dell'informazione eccessiva*, 2002[2], pp. 112
De Michelis Gianni, *La lunga ombra di Yalta. La specificità della storia politica italiana*, conversazione con Francesco Kostner, 2003[3], pp. 216
De Rita Giuseppe, Galdo Antonio, *Capolinea a Nordest*, prefazione di R. Piano, 2001, pp. 96
Di Michele Stefano, *I magnifici anni del riflusso. Come eravamo negli anni '80*, prefazione di G. Ferrara, 2003, pp. VIII-144
Einaudi Luigi, *Memorandum*, a cura di G. Berta, con un saggio di N. Bobbio, 1994, pp. 124
Fagiolo Silvio, *La pace fredda. La società americana dopo la fine del comunismo*, 1996, pp. 200
Fini Massimo, *Il vizio oscuro dell'Occidente. Manifesto dell'Antimodernità*, 2004[5], pp. 80
Fini Massimo, *Sudditi. Manifesto contro la Democrazia*, 2004, pp. 160
Fiorentino Giovanni, *Il bambino nella rete. Dalla lavagna al computer*, 2000, pp. 108
Habermas Jürgen, *Dopo l'utopia. Il pensiero critico e il mondo d'oggi*, 1992[2], pp. 136
Macaluso Emanuele, *Mafia senza identità. Cosa Nostra negli anni di Caselli*, prefazione di L. Cafagna, 1999[2], pp. 128
Macchitella Carlo, *Nuovo cinema Italia. Autori, industria, mercato*, conversazione con Marianna Rizzini, 2003, pp. 160
Manghi Bruno, *I benestanti*, 1999, pp. 120
Manghi Bruno, *Il tempo perso. Nelle attività politiche, sindacali, associative*, 1995, pp. 120
Monteleone Franco, *L'emergenza telematica. Nuovi media, nuovi mercati, nuove regole*, 1996, pp. 132
Moriani Gianni, *L'aria rubata. Traffico, inquinamento e salute nelle nostre città*, 2000, pp. 144
Moriani Gianni, *Il secolo dell'odio. Conflitti razziali e di classe nel Novecento*, 1999[3], pp. 264
Muscarà Calogero, *Il paradosso federalista*, 2001, pp. 144
Polacco Fabrizio, *La cultura a picco. Il nuovo e l'antico nella scuola*, 1998, pp. 144
Racinaro Roberto, *Colonne infami. Presente e passato della questione giustizia*, 2000, pp. 168
Raimondi Ezio, Varni Angelo, *Dialogo sulla cittadinanza. Bologna*

vecchia e nuova, 2002, pp. 120
Sapelli Giulio, *L'Italia di fine secolo. Economia e classi dirigenti: un capitalismo senza mercato*, 1998, pp. 228
Serres Michel, *Il mantello di Arlecchino. «Il terzo-istruito»: l'educazione dell'età futura*, 1992, pp. 252
Trombadori Antonello, *Diario in pubblico. Lettere agli amici de «La Carbonara»*, a cura di P. Franchi e D. Trombadori, 2001, pp. 104
Vineis Paolo, *Prima della malattia. Per un'etica della prevenzione*, 1997, pp. 168
Zigaina Giuseppe, *Pasolini. «Un'idea di stile: uno stilo!»*, 1999, pp. 144

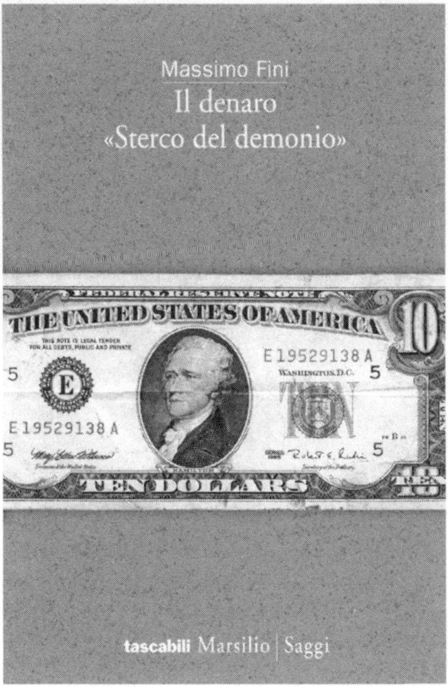

Il denaro - che non va confuso
con la moneta in cui si incarna -
è in realtà una logica, affascinante
ma terribilmente insidiosa,
che ha finito per soggiogarci.
Da utile strumento è diventato
un fine che determina lo stile, i ritmi,
le modalità e gli scopi della nostra vita.
Il libro di Massimo Fini è da un lato
una storia del denaro rigorosamente
documentata, dall'altro è un attacco
corrosivo e radicale alla società
contemporanea di cui il denaro,
con il suo abnorme sviluppo, è insieme
metafora e concretissimo strumento.

*Per migliaia di anni la guerra
ha appagato pulsioni profonde
dell'uomo, costringendolo a misurarsi
con se stesso. Dopo essere stata
scomunicata come il Male Assoluto,
la guerra oggi è tornata d'attualità
anche in Occidente. Ma le guerre
degli occidentali,* posteroiche,
*dove uno solo può colpire, hanno
perso, insieme a ogni epica,
tutti gli antichi valori esistenziali
della guerra. Perché ne manca
l'essenza: il combattimento.
Sono guerre che disonorano
chi le fa e umiliano chi le subisce.*

Un'opera provocatoria, a metà tra il sillabario divagante e la confessione personale, che esplora più di cento voci inerenti l'universo erotico femminile. Così come lo vedono gli uomini. Con uno stile crudo, che non si nega nulla ma non è mai volgare, spesso sarcastico, talvolta persino tenero, il Di[zion]ario *è anche un'intelligente analisi del costume che, in qualche modo, ci mostra una delle prospettive con cui possono essere osservati, e vissuti, i rapporti uomo-donna.*

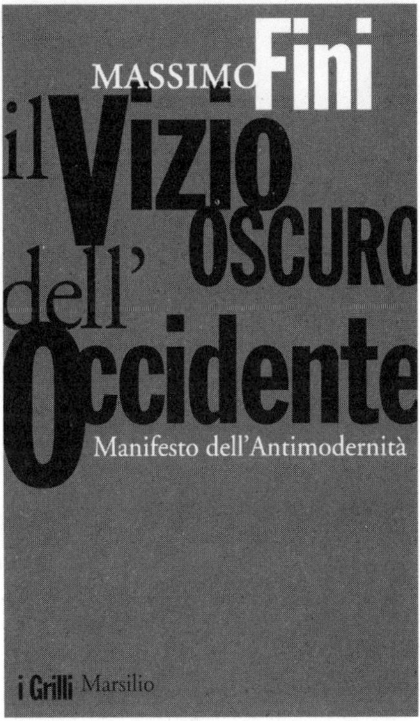

L'11 settembre ha inaugurato
una nuova era, quella del "terrorismo
globale", conseguenza logica
e prevedibile della pretesa dell'Occidente
di ridurre a sé l'intero esistente.
Ma «il migliore dei mondi possibili»
si rivela un modello paranoico, basato
sull'ossessiva proiezione nel futuro,
dove l'individuo non può mai
raggiungere un punto di equilibrio
e di pace. Nella ricerca inesausta
del Bene, anzi del Meglio, l'uomo
occidentale si è creato il meccanismo
perfetto e infallibile dell'infelicità.
E lo sta esportando ovunque.
Una provocazione paradossale
che contiene molta verità urticante.